庞金玲◎著

微信朋友圈营销

9步塑造你的个人品牌

清华大学出版社
北京

本书封面贴有清华大学出版社防伪标签，无标签者不得销售。

版权所有，侵权必究。举报：010-62782989，beiqinquan@tup.tsinghua.edu.cn。

图书在版编目（CIP）数据

微信朋友圈营销：9步塑造你的个人品牌 / 庞金玲著. —北京：清华大学出版社，2020.6（2023.12重印）

ISBN 978-7-302-55576-6

Ⅰ.①微… Ⅱ.①庞… Ⅲ.①网络营销 Ⅳ.①F713.365.2

中国版本图书馆CIP数据核字（2020）第090753号

责任编辑：顾　强
封面设计：李伯骥
版式设计：方加青
责任校对：王荣静
责任印制：刘海龙

出版发行：清华大学出版社
网　　址：https://www.tup.com.cn，https://www.wqxuetang.com
地　　址：北京清华大学学研大厦A座　邮　编：100084
社 总 机：010-83470000　邮　购：010-62786544
投稿与读者服务：010-62776969，c-service@tup.tsinghua.edu.cn
质 量 反 馈：010-62772015，zhiliang@tup.tsinghua.edu.cn

印 装 者：三河市东方印刷有限公司
经　　销：全国新华书店
开　　本：148mm×210mm　印　张：8　字　数：183千字
版　　次：2020年7月第1版　印　次：2023年12月第6次印刷
定　　价：49.00元

产品编号：087390-01

前　言

在本书的开头，我想请大家首先思考这样一个问题：在工作和生活之余，你打开手机，重复最多的一个动作是什么呢？关于这个问题，又有多少人的答案和我一样，是点开微信，刷一刷朋友圈，看一看公众号文章呢？

事实上，早在几年前，微信就已经以全面入侵之势，成为我们生活中不可缺少的重要组成部分。如今，随着科技的不断发展、微信普及率不断上升、零售模式的不断升级以及人们消费方式的不断变化，微信早已不再仅仅是社交、娱乐的重要工具，而成为一种典型的营销渠道，这其中，微信朋友圈又当仁不让地成为精准营销阵地和流量变现前沿。

说到这里，大家不妨回想一下，当你每天习惯性地打开微信朋友圈时，你是否也发现，如今，在微信上买东西的微信好友已经越来越多，利用微信朋友圈做生意的人也已经越来越多，甚至你自己，也已经成为朋友圈"掘金链"中的重要一员，曾经通过朋友圈买过或卖过东西。

这一切无不告诉我们这样一个事实：作为一种重要的社交方式，微信朋友圈这一流量质量极高、变现能力极强的工具，正以一种燎原之势，成为营销的重要手段。

不可否认的是，作为一种崭新的商业化模式，朋友圈营销具有不可比拟的独特优势。它能够持续性地打破内容与销售的边界，形成内容、社交与消费三者合一的局面。也正是因为这样，它成功俘获了众多内容创业者和电商商家的"芳心"，成为一种新兴的营销方式。

而从商业的角度分析，在我看来：微信朋友圈现在以及未来将大有可为，甚至许多在微信、微博都没能做好的社交电商，或将在微信朋友圈创造奇迹。

那么，新的问题又来了：微信朋友圈人人都有，要想将它打造成价值千万的"掘金之地"，又该怎么做呢？

这就是本书要详细介绍的内容。

这是一本专业的微信朋友圈变现工具书，主要采用图文结合的形式，针对当下热门的微信朋友圈营销方式，试图深层次地从多个角度手把手教你玩转微信朋友圈运营，迅速掌握朋友圈变现技巧和营销方法。

本书内容丰富、条理清晰、通俗易懂，总结起来，主要有以下三大特色：

轻松入门，易学易懂。本书内容由浅入深、通俗易懂。不管你是微信朋友圈运营小白还是朋友圈变现高手，希望阅读本书能使你有所收获。

详细指导，丰富拓展。本书包含了从优势介绍、精准定位、客户认知，到形象打造、技能培养、文案撰写，再到吸粉引流、快速成交、流量变现的全部流程，以期帮助你解决微信朋友圈运营过程中的常见问题，让你少走弯路。

新鲜案例，趣味解读。本书结合微信的娱乐属性，收集大量案例，挑选新颖、典型、好玩的故事，以通俗易懂的语言，力求让你在愉悦中分享知识。

立言不易，希望本书所讲述的微信朋友圈运营策略能够帮助更多人玩转微信朋友圈营销，实现流量变现，走出营销困境，收获更多红利。

目　录

第1章　**优势突出** ▶ 微信朋友圈凭什么变成价值千万的生意圈

1.1　成本低廉，在家就能做老板　　2
1.2　天然信任是营销屏障，提高了成交率　　5
1.3　连环人际模式，迅速扩大影响力　　9
1.4　人性化的服务模式，让营销更有亲和力　　13

第2章　**精准定位** ▶ 价值爆发，从知道自己要做什么开始

2.1　微信朋友圈定位的目的是抓住客户的心　　20
2.2　USP定位：挖掘自身特长，找到自己擅长的领域　　25
2.3　STP定位：用细分市场来精准定位　　29

2.4　差异化定位：找到你与他人的不同之处　　　　　　　　32
2.5　热点趋势定位：用最低成本打造出最好效果　　　　　　36

第3章　客户认知 ▶ 在微信朋友圈，卖商品不如卖关系

3.1　没有稳定的关系就没有微信朋友圈的变现　　　　　　　42
3.2　建立稳定关系的第一步：用自身魅力去吸引客户　　　　45
3.3　建立稳定关系的第二步：用高情商来征服客户　　　　　48

第4章　形象打造 ▶ 五步设计微信朋友圈品牌名片

4.1　昵称是最直接、最有效的广告载体　　　　　　　　　　54
4.2　头像也是一种表达　　　　　　　　　　　　　　　　　59
4.3　给自己贴上个性标签　　　　　　　　　　　　　　　　63
4.4　用背景图传递更多信息　　　　　　　　　　　　　　　67
4.5　用微信朋友圈动态塑造"人设"　　　　　　　　　　　 71

第5章 技能培养 > 输出高质量内容需具备的五项基本技能

5.1 P图：让图片开口说话 78
5.2 做海报：掌握设计要素，提升海报质量 85
5.3 拍摄小视频：教你做出卖断货的微信朋友圈小视频 89
5.4 软文撰写：好软文价值千金 94
5.5 玩转工具：借助公众号和群聊为朋友圈变现赋能 100

第6章 文案撰写 > 帮你打造"卖断货"的微信朋友圈品牌

6.1 用好字、词、符，让文案新颖又有料 106
6.2 用场景化文案，引发客户情感共鸣 118
6.3 诱惑＋承诺，让文案变得更具吸引力 124
6.4 一个精准的表情符号，胜过十条好文案 128
6.5 80% 的生活话题 +20% 的商品广告 132
6.6 两大绝招，把借鉴得来的文案化为己有 139
6.7 挖掘卖点：展现商品最好的一面 144

第7章 吸粉引流 > 流量决定销量，人脉就是钱脉

7.1	六种最常用的传统"吸粉大法"	150
7.2	互推法：利用互推，挖出朋友的朋友	160
7.3	分享法：用分享，成为粉丝眼中专业靠谱的行家	165
7.4	社群法：学会混圈，吸纳更多的社群粉丝	168
7.5	复盘法：深度思维演练，成为微信朋友圈大V	178

第8章 快速成交 > 微信朋友圈营销六大实用成交技巧

8.1	打好"价格战"，提升成交率	184
8.2	打好"心理战"，促成绝对成交	189
8.3	学会人设搭建，加深客户对你的信任	198
8.4	做好服务，把客户的"我想要"变成"我需要"	202
8.5	花式促销，实现快速成交	205
8.6	心机晒单，再犹豫的客户也会跟着"剁手"	211

第9章 五大变现法，教你掌握朋友圈的升值秘籍

9.1 广告变现：最直接的变现方式　　　　　　　　218
9.2 团购变现：用团体力量带动微信朋友圈变现　　225
9.3 引流变现：在微信朋友圈之外实现巨大变现　　231
9.4 会员变现：提升客户忠诚度，实现利润最大化　233
9.5 代理变现：把营销的种子遍播各处　　　　　　238

第1章

微信朋友圈凭什么变成价值千万的生意圈

如今的微信朋友圈已不再仅仅局限于对美好生活的分享,而是可以变成"生意圈"。你可以挖掘微信朋友圈背后的商机,利用其优势打造"价值千万"的品牌,把它变成真正的"摇钱树"。那么,微信朋友圈到底具有哪些优势呢?

1.1 成本低廉，在家就能做老板

做生意就是"卖商品"。按照传统的观念，要想"卖商品"，就必须有店面，有了店面还需要进行商品宣传，商品宣传后还要跟进用户，与用户互动。这一过程下来，所要花费的成本可不少。且说宣传商品的方式，无论是通过电视台或者报纸刊登广告，还是与广告公司合作制作宣传广告，对于许多人来说，都是一笔很大的开销。

但是自从微信出现之后，前期这些成本问题就迎刃而解了，并且你做生意的时间、场合都不会受到任何的限制，在家就能做老板。

那么，微信到底具有怎样的魔力可以让你实现"在家赚钱"的梦想呢？或许你能在下面的内容中找到答案。

1.1.1 操作简单，人人都会

微信营销的接受终端——手机，不仅拥有电脑的所有功能，而且携带方便。与其他技术性较强的新媒体平台相比，微信的功能操作比较简单。只要你拥有一部智能手机和一个手机号码，按照正常程序就能获得一个专属的微信号。

有了专属的微信号后,你可以和别人聊天,也可以将自己的动态通过微信朋友圈展示给别人。同时,你还可以通过申请微信公众号与自己的特定用户进行全方位的交流。

微信朋友圈也是一款很好的客户管理工具,不仅能够对客户进行精准分类,并且分类步骤也很简单。只要你为不同的客户设置标签,你的不同标签分组就会自动划分客户。这样,你也能实现信息的"精准推送",与客户进行特定互动。

1.1.2 低成本,投入小

任何一个生意人,最关心的都是成本投入。相较于其他营销渠道,微信是一款投入成本较低的APP。对于那些白手起家的人来说,利用微信朋友圈实现变现,无疑是非常明智的选择。

我的朋友张某就是一个典型的例子。

张某来自湖北的一个小山村,毕业后不顾父母的反对,辞掉月收入4000元的工作,毅然回到家乡创业。经过多次比较与分析,她选择了经营家乡的"瓦仓大米"。由于没有什么本金可用于商品的宣传,她看准了微信朋友圈这个渠道,开起了自己的"微信小店"。通过自己摸索出来的方法,她玩"火"了微信朋友圈,成为了微信朋友圈的"带货女王"。

对于很多致力于创业开店的人,实体店面租金常常是创业初期路上的"拦路虎"。比如你想开一个水果店,但是店面租金太高,你又没有那么多资金可投入,此时你可以考虑在微信上开小店,在微信朋友圈里宣传。这样既帮你省去了高昂的租店成本，也帮你省去了一大笔宣传费用，让你不用开实体店就能在家当水果店的老板。

除了省去前期的店面和宣传成本，其实微信朋友圈还帮你省去了一大笔流量成本。如今，我们正处于一个信息高速发达的时代，流量就是掘金池，有了流量才有客户，才能把商品卖出去，于是很多卖家都需要采取购买流量的方式来经营自己的商品。比如他们会购买关键字，或者在电商平台上购买"直通车"服务。虽然这种购买流量的方式能够在前期给卖家带来大量的客户，但是时间一长，这种方式所带来的成本压力会越来越大，并且营销效果在后期也会越来越差。

近几年，人们的注意力渐渐集中到微信上。庞大的用户数量使微信朋友圈成为"流量本体"。相对于其他媒体平台，微信消息的到达率是100%。它不会像微博一样，消息发出去之后会被其他消息淹没。同时微信朋友圈具有"环环相扣"的功能，一条消息会以"一传十，十传百，百传千"的裂变模式传播。一篇好文章的阅读量常常会在一夜之间实现爆炸式增长。

所以卖家如果利用微信朋友圈进行营销，就不需要购买流量了。只要有人加入你的微信朋友圈，你就要随时跟进。如果你推送的内容刚好是用户所需，那么用户就会一直在你的"生意圈"里。这样日积月累，微信朋友圈的粉丝数达到预期值了，就说明你已经摆脱了购买流量的压力，可以在你的"忠实粉丝"面前推送商品，进而直接获取利益。

由此可见，微信是一个成本低、投入小的销售平台。对于资本不够丰厚的人来说，利用微信朋友圈和别人谈生意，是一个不错的选择。

1.1.3 维护简单，持久性强

想让商品变现，你就不能停止前进的步伐。假如你采用的是传统的变现手段，那么你后期跟进就需要花费大量的成本，一旦停止，你前面所做的一切都会化为泡影。

但是微信朋友圈就不会存在这样的风险。微信的维护成本是极低的，不会出现因资金紧张而使营销被迫中断的"壁垒"。如果发现哪个环节出现了问题，你可以迅速地做出调整。比如你卖的商品有多种，但是根据用户的反映，A类商品质量不好，你就可以及时撤下A类商品的宣传，并且通过微信朋友圈的形式安慰用户，或者以赠送其他商品的方式给用户做出适当补偿。这样反而能挽留住用户的心。

因此，利用微信朋友圈进行商品营销，后期维护既简单也具有持久性。

自微信诞生以来，许多聪明人看到其中的商机，许多微店的宣传接踵而至。也有许多人"不看好"这种方式，但是随着微信朋友圈收益的不断增加，这些人也开始走微信朋友圈之路，形成"在家当老板"的共识。

1.2 天然信任是营销屏障，提高了成交率

古人云："以诚感人者，人亦诚而应。"做生意，做的就是信任。但是在当下互联网时代，有些人为了牟取暴利，利用互联网的虚拟

性干各种坑蒙拐骗的勾当,以至于很多消费者对于商家怀有极大的不信任感。

比如电视购物常常会出现的促销广告,商品展示很直观,主持人的解说也常常令人心动,但很少有人拨打电话购买,这是因为人们对电视广告缺乏信任,总是怕买到假货。

但神奇的是,很多人对于微信朋友圈的营销都比较信任,会经常翻看微信朋友圈的宣传信息,愿意购买微信朋友圈里宣传的商品。为什么人们对商品的宣传会出现两种截然不同的态度呢?

1.2.1 微信朋友圈大多是熟人

马云曾说过这样一句话:"兔子要吃窝边草,生意要从熟人做起",而微信朋友圈刚好做的就是"熟人经济"。腾讯推出微信软件的初衷就是为使用者提供一个熟人社交平台,使用者可以通过编辑文字、图片以及语音向别人传递信息,因此微信朋友圈里大多是熟人。

微信朋友圈的关系如图 1-1 所示。

图 1-1　微信朋友圈关系网

正因为是"熟人",他们才会信任你,所以图 1-1 中所显示的这些熟人都可能是你潜在的客户。可能会有人觉得在熟人圈里做生意,会让双方的关系变得尴尬,甚至于冷淡,但事实证明,只要你的营销方法恰当,就能赢得别人长久的信任。在微信朋友圈做生意,不仅不会伤害你们之间的关系,反而会让对方成为你的忠实粉丝。

我的一位学妹就在微信朋友圈做化妆品的代购。平时想添置化妆品或者送礼物给别人的时候,我都会找她买。因为她卖的东西她自己都用过,货源都是来自正规的国外免税店,我很信赖她。"熟人经济"的魅力,就是能够让消费者在短时间内产生"购买依赖"。

在微信朋友圈,其实就是依靠熟人的口碑来做生意。相比其他平台,双方之间的信任"桥梁"能够迅速搭建,并且只要你的商品质量好,那么你的回头客就会越来越多。

1.2.2 "一对一"的添加方式提升信任感

我们可以看到,在电视、报纸、微博上还有户外,所有的商品广告都是面向大众的,商品广告的发布者根本就不了解自己的客户到底有哪些,以及他们看到这些广告后会有怎样的反应。同理,商品广告接收端的客户也会对商品的真实性持怀疑态度。但自从微信出现后,"一对一"的添加方式打消了客户的这些顾虑。

微信添加好友,通常都是以手机号码来添加的,需要经过双方的同意才可成功添加。手机号码对于很多人而言是个人隐私。这样,如果消费者对商品有什么问题,就可以随时拨打卖家的电话询问。

因此,这种"一对一"的添加方式在一定程度上给了客户安全感,让客户感觉到你是一个真实的存在,不会是网络骗子。同时也让你能够搞清楚客户数量到底有多少，哪些可以发展成为忠实的粉丝。

1.2.3　微信朋友圈动态具有真实感

不知道你生活中是否遇到过这样的情况：你去一家店铺买东西，老板让你添加他的微信。你同意了，然后你平时就会看他的微信朋友圈。他微信朋友圈呈现的除了文字、图片外，还有他的"真人视频"。这种"真人视频"往往会以更直观的方式向你呈现商品的状态，给你一种真实感，因此可能会激发你的购买欲望。

比如，有的老板会分享他平日看书、学习的动态，你会感觉他是一个很有格调的人，于是也会比较欣赏他所发布的一些内容；有的老板在分享商品时使用一些贴近生活、接地气的文案，让你感觉很亲切，产品也很实用，于是就有购物的冲动。

当卖家给客户制造出亲切感之后，他们才会愿意与其亲近，对其产生信任，认为卖家卖的商品确实能给他们带来好处，自然而然地就加入了卖家的"生意圈"，成为买家。

同时，微信朋友圈动态会自然塑造"人设感"。这种"人设感"能够让卖家在客户心中的形象生动起来，有时候还会让客户对其产生一种崇拜感，自然而然地会倾向于卖家，对其所展示的商品也会产生购买欲。

总之，微信朋友圈的这种"天然信任感"能够助力卖家的商品营销，让卖家在销售中"先声夺人"，提高成交率。

1.3 连环人际模式,迅速扩大影响力

仔细观察近几年发展迅速的西贝莜面村,你会发现,它们把微信公众号玩得特别好,经常会使用公众号的文章推送商品。

比如,公众号上推出一篇"买一送一"的活动文章,要求客户转发链接,引导好友购买后才能享受这个福利。于是你会在微信朋友圈看到刷屏的公众号链接,就算你没有关注西贝莜面村的公众号,你也通过好友的转发知道了这个消息。

由此可以看出,西贝莜面村之所以能做得如此成功,正是因为他们懂得利用微信的连环人际模式,扩大自己的影响力。

那么,微信朋友圈的连环人际模式到底是如何运行的呢?这就是本节将要介绍的内容。

1.3.1 微信朋友圈是一个环环相扣的人际模式

过去,与陌生人成为好友,通常都是经过熟人的面对面介绍而认识。没有熟人引荐,就算你们同住一个小区,也很难成为好友。这样的人际关系是存在断层的,人与人之间没有一个沟通的桥梁,所有的信息都是口耳相传。因此,信息传播效率很低。

现在有了微信后，你可以看看自己的微信好友列表，你会发现你和你的好友会拥有一些共同好友，你可以通过朋友的名片推荐，迅速与他的好友成为好友，由此可见，微信朋友圈里的人际关系都是环环相扣的。

所以，你只要在微信朋友圈发布一条信息，圈子里关注你的人都能看到。假如他们帮忙转发后，你这条消息就被转发到不同的圈子，这样来自不同微信朋友圈的人们就有了扩散消息的桥梁，于是你的消息会通过这环环相扣的人际关系网传得越来越远。

1.3.2 连环人际模式能提升微信朋友圈的影响力

连环人际模式就像"滚雪球"，它能将微信朋友圈的"雪球"越滚越大，其实现方法具体有以下两个方面。

1. "裂变"产生流量

近几年，"裂变"这个词的活跃度很高，很多企业和商户都想利用"裂变"模式进行商品营销。所谓"裂变"其实就是指一个事物像原子核一样分成近似相等的几部分的过程，这个过程是无限循环的，因此最终的结果也会是一个无限大的数字。

微信朋友圈就有这种裂变的功能，这种功能实质上就是病毒式营销。当运营者发布文章后，只要有人能与之产生共鸣，那么他就有可能将这篇文章转发到自己的微信朋友圈，这样一传十、十传百、百传千，信息传播效率迅速得以提升。

其实这种"裂变"最终产生的就是所谓的流量。这里给大家归纳了微信的三大"裂变流量池"，如图1-2所示。

第 1 章 优势突出
微信朋友圈凭什么变成价值千万的生意圈

图 1-2 三大"裂变流量池"

（1）个人微信号

个人微信号的裂变模式是最简单的，主要呈现的方式就是微信朋友圈的动态。通过向好友传达信息，这个好友再向另一个好友传递信息的模式，让商品的信息迅速在小圈内传播，随之而来的就是越来越多的客户。

（2）微信群

一些商家为了更好地笼络人心，增强客户的信任感，通常会以微信群的形式来实现"裂变"销售。

我就曾经碰到过这样一个微商。她是做家居生意的，有一次她做活动，在微信朋友圈发布活动广告，广告内容是："厂家特价促销，仅限 100 名，入群领券，限时抢购！"原本我对这条微信朋友圈是没有兴趣的，但是后来她把我拉到了她们的群里。我看了一下商品介绍，认为商品确实还可以，而且在群里说要买的人还不少，于是当时我就产生了一种从众心理，买了她的商品。

其实这种微信群是"一对多"裂变模式。群里的抢购会让客户产生焦虑感，于是越来越多的客户就会产生购买的欲望。

（3）微信公众号

微信公众号的裂变力量可以说既隐蔽而又有力。因为相较于前面两种方式，微信公众号向客户推销商品的方式通常会比较含蓄。比如公众号通常会用"软文"的方式来推送商品，在潜移默化中影响客户的想法，在无形中说服对方。并且公众号的内容是可以随手转发的，客户范围会更大，所以"裂变"产生的流量也会更大。

2. 持久的影响力

一般情况下，除非你实在令人讨厌，否则一个添加你微信好友的人是不会轻易删除你的。你一直都可以在微信好友面前展示商品，对方也会照单接收，所以，微信朋友圈的这种"连环人际模式"所带来的影响是持久的。

这种持久的影响力具体是如何得以体现的呢？就拿我母亲的案例来和大家分享。

我母亲有许多微商的微信号，卖什么的都有。有一次我问她："妈，你留这么多微商的微信干吗呀？你要买的东西超市里都有，都删了吧！"我妈这样回答："超市里的东西多贵啊，这几个微商的微信我都是通过你张阿姨才知道的。这些微商卖的东西质量又好，价格又便宜。关键都是你张阿姨的好朋友，值得信赖，我们家的生活用品大多都是在他们那里买的呢！"

通过和我母亲的这段对话，我已经感受到她对微信上所销售的商品产生了依赖，就算我极力劝说，她也不会删掉这些微信号。

换言之，微信的这种连环人际模式在影响客户的同时，还充分留住了客户的心，让这种影响力变得更加持久。

微信朋友圈的这种连环人际模式具有天然的"流量优势"。这种"流量优势"能够扩大你的影响力,让所有人都知道你的存在。所以,当你还为市场流量发愁时,不妨换一种方法,利用微信进行商品宣传,说不定就会"柳暗花明又一村"。

1.4 人性化的服务模式,让营销更有亲和力

过去很多行业的商家过于注重单一的商品交易,很多情况下只会给客户提供单一的服务。商家与客户的接触也是少之又少,因此很少提供具有人文关怀的高素质服务。随着各行各业的发展,行业竞争日益激烈,客户对于商家的服务也是极为看重的。于是越来越多的行业开始将"机械化营销"转为"人性化营销"。人性化营销其实就是商家为客户提供的情感价值经营。

中国的麦当劳连锁店就是典型的人性化服务模式。比如在中小学的考试期间,麦当劳会主动延长营业时间,以便中小学生复习迎考。客户向服务员问路时,服务员也会尽力指明路向。客户点单的时候,服务员也会温馨提醒"不够再添"。诸如此类的人情味营销难免会让客户对商家产生好感,所以麦当劳的"回头客"一直都很多,可以算是中国餐饮业的标杆。

由此可见,对于客户而言,"人性化"的服务模式更容易打动人心。

微信朋友圈也自带人性化的服务模式,能够产生亲和力。那么

微信朋友圈的人性化和亲和力具体体现在哪些方面呢？我认为主要有以下三方面。

1.4.1 频率人性化

人们常常会听到周围人对骚扰电话的抱怨。这种抱怨其实是因为这种输送广告的方式过于频繁，在一定程度上会造成"打扰"。这样不考虑客户感受的服务方式就没有做到"人性化"。

与之相比，微信就不会有这样的频率缺陷。换言之，微信在营销的频率方面更加人性化。下面从两个角度来分析。

1. 从发布者的角度来看

发布者可以自主决定微信推送的时间和频率。比如，你可以每天在微信朋友圈发布一条信息，也可以一周发布一次，这样低频率的发布会大大降低对客户的干扰，因此也不会招来客户的反感。

2. 从客户角度来看

微信在一定程度上给足了客户空间，亲民的同时不会扰民。传统的营销方式，比如电视广告，不管观众是否接受，就要求观众在看完广告后才能继续观看节目。微信则不然，它将是否接受信息的权利转交给客户。客户可以自主选择看与不看，或者选择自己感兴趣的内容。客户可以根据所需的内容，输入关键词来查找，加对方为好友，成为对方的粉丝，这样就可以持续关注动态，如果不喜欢推送的内容，客户也可以选择屏蔽，这样让商品营销变得更加人性化。

1.4.2 内容人性化

可能有人会问,微信朋友圈的内容都是一些杂七杂八的生活片段,对于商品营销能起到什么作用?这个观点其实极其片面,只看到了微信朋友圈的"表象",而没有看到其实质。从本质上来说,微信在内容方面是非常人性化的。

我们来看一下两种推销的案例对比:

案例一

某化妆品店的老板采用传单推销的方式。传单上的内容是这样的:"年末清仓,折扣力度大,快来买!"结果发放的传单都被往来的行人当作垃圾,丢得满地都是。

案例二

另一个化妆品店的老板,在自己的微信朋友圈发了一条有关口红的动态消息:"新年快到了,走亲访友哪能缺'新年红'呢?今天我抹上'新年红'后,朋友都夸我神采奕奕呢!"文字的下方还配有一张她的自拍照。从自拍照中可以看出口红的颜色的确很亮眼,于是身边的朋友纷纷找她买这种口红。

通过这两个案例的对比可以看出,案例二的微信朋友圈的推销内容十分生活化,正是因为这种生活化的亲切感让这个老板获得了高人气。

所以,微信朋友圈的这种生活化的片段看似零碎,但实际上能拉近与客户的距离,让你的商品营销更加接地气,营销内容更加人性化。

1.4.3 互动人性化

过去的电视、报纸等传统媒体都是以用户单方面接受信息为主。这种交流方式是单向的，比较"机械"。但随着传播媒体的逐渐发展，越来越多的新媒体出现，人与人之间的交流不再局限于过去那种单向式的交流，更多的是双向的互动。

我们来看一个成功的互动案例。

内衣品牌"维多利亚的秘密"曾上线一款形式炫酷的轻应用。这个应用的界面是一张雾化过的照片，客户只需用手指滑动屏幕，内衣模特就会浮现在手机界面，继续点击就会看到内衣的品牌介绍，最后的界面就是内衣抢购界面。这项互动体验曾引起一阵热潮，很多客户都很喜欢这种互动方式，于是那年维多利亚的秘密的内衣几乎销售一空。

由此可见，交易双方的互动性有多么重要。微信朋友圈就是人际互动的典范，其互动性主要体现在以下几个方面。

1. 一问一答

这种一问一答的形式能够给客户及时的反馈，这并不是所有平台都可以做到的，然而微信本来就是一款社交软件，双方可以在微信上互聊。如果客户对于推送消息有任何疑问，可以随时提出来，商家也能及时予以解决，从而让营销方式变得更有亲和力。

2. 点赞、评论

除了基本的一问一答形式，客户利用微信朋友圈的点赞、评论功能向商家给出自己的反应，也是一种间接的互动方式。商家可以根据这种间接的客户反应及时调整销售策略，让服务更加人性化。

以上归纳了微信朋友圈人性化服务模式的三个具体方面。毋庸置疑的是，在当前的市场形势下，微信朋友圈的这种"人性化"服务模式是比较具有优势的。你可以充分利用微信朋友圈的这种"人性化"特征，俘获客户的心。

总而言之，相较于其他营销平台，如果你利用微信朋友圈进行商品营销，那么不仅营销成本低廉，客户精准性和忠诚度也极高，同时还会为你带来持续的流量和影响力。所以，不要小看微信朋友圈的力量，微信"朋友圈"也可以成为价值千万的"生意圈"。

第2章

精准定位

价值爆发，从知道自己要做什么开始

要想更好地运营微信朋友圈，首先就必须弄清楚自己究竟要做什么，以及该如何去做。而这个探索的过程，其实就是进行微信朋友圈定位的过程。从这个角度来说，利用微信朋友圈变现的关键的第一步就是要进行精准的定位。

2.1 微信朋友圈定位的目的是抓住客户的心

近年,微信朋友圈的热度一再飙升,普通用户想要"玩转"微信朋友圈的难度却越来越大。如果你也是一名忠实的"微信粉",那么你一定会发现,在微信刚出来不久的那几年,一个利用微信朋友圈随随便便营销的人,就可以轻而易举地获取人气与流量,但随着时间的慢慢推移,这种情况越来越少了,不少尝试微信朋友圈变现的人都以失败告终。

这种明显的变化深刻地揭示了一个道理:目前,微信朋友圈的市场份额越来越大,参与的人越来越多。这样一来,市场这块"大蛋糕",每个人分到的将会越来越少,未来的发展将会越来越难。

因此,微信朋友圈内容定位的目的其实就是抓住客户的心,从而赢得更多客户。

广告大师约翰·沃纳梅克曾提出过广告营销界著名的"哥德巴赫猜想":"我知道我的广告费有一半浪费了,但遗憾的是,我不知道是哪一半被浪费了。"事实上,这种问题在微信朋友圈也普遍存在。很多人之所以无法在微信朋友圈有效地黏住粉丝,就是因为没有明确自己应该要做的内容,从而找不到精准发力的方向。

第 2 章 精准定位
价值爆发，从知道自己要做什么开始

由此可见，做好内容定位是微信朋友圈变现的第一步。那么，究竟什么是微信朋友圈的定位呢？它能给微信朋友圈营销带来怎样的帮助呢？

接下来，就让我们一起来揭晓谜底。

2.1.1 什么是微信朋友圈定位

在艾·里斯和杰克·特劳特所著的《定位》一书里，"定位"一词的含义为：剖析'满足需求'无法赢得顾客的原因，给出如何进入顾客心智以赢得顾客选择的一整套方法策略。

微信朋友圈的定位，同样也是遵循此理论，简言之，就是确定微信朋友圈的方向和目标，给自己一个清晰明确的"人设标签"，告诉粉丝你在做什么。

因此，你在运营微信朋友圈的时候，首先要找准自己的定位，找准微信朋友圈内容运营的精准方向，才能抓住客户的心。

接下来，就让我们通过一个成功的案例，一起来了解一下究竟什么是微信朋友圈定位。

做微信朋友圈营销之前，丁小航和大多数宝妈一样，没有什么收入，只能天天在家里带带孩子、做做家务。后来经过三年的微信朋友圈营销，她的收入使她成为家里的经济支柱，她也从"超级宝妈"成功变身为"创业女王"。她的成功首先源于她对自己的清晰定位。

在她的创业过程之中，经历了两次定位。第一次定位是她接触微商这个行业时所做的一个分析。面对微信朋友圈多种多样的商品，她没有选择高利润的包包、手表、项链、化妆品，而是选择了自己熟悉的"常仁堂足贴",给自己贴上了"养生"的标签。

丁小航之所以选择"养生"的定位,是因为她知道"养生"话题一直是男女老幼共同关注的,因此,这样定位自己的商品内容,会扩大自己的客户范围。

当"常仁堂足贴"的销售获得巨大成功之后,她开始把目光转向"微商导师"这个定位,向身边想靠微信朋友圈变现的朋友传授自己的经验,靠自己真实的经验分享成为了"微商代言人",帮助更多的人实现创业梦想,成功逆袭为名副其实的"创业女王"。

上面这个案例中,丁小航的"养生""微商导师"就是微信朋友圈定位。

2.1.2　微信朋友圈定位带来的好处

准确的微信朋友圈定位既是基础,也是让自己脱颖而出的利器。它能够为你带来以下好处。

1. 增强粉丝黏性

在微信朋友圈,没有一个微信朋友圈账号能够满足所有人的需求,如果想要争取更多的粉丝、维系热度,那么就需要找准自身的发力点,努力从自己的"一亩三分地"中挖掘更多的"宝藏"。这种垂直性的定位一定比那些东一榔头西一棒子的微信朋友圈更吸粉、更黏粉。

2. 更好地实现差异化,突出重围

在信息传播异常快捷的今天,微信朋友圈的一条内容爆红后,无数个模仿者便会蜂拥而至，同质化的内容越来越多，而独具特色的定位能够帮助你跳出被模仿的怪圈，打破"烂梗"的魔咒，以差异化取胜。

因此，我们可以得出这样一个结论：微信朋友圈变现，定位是基础。要想"鹤立鸡群"，就需要明确自己微信朋友圈打造的方向。

2.1.3 微信朋友圈定位所要解决的问题

以上介绍了微信朋友圈定位的定义以及微信朋友圈带来的好处，那么，微信朋友圈又可以解决哪些问题呢？

从丁小航的案例中，我们可以看出，一个清晰的微信朋友圈定位至少要回答以下两个问题，而这两个问题也分别代表了定位的两部分内容。

1. 卖什么

既然你打算用微信朋友圈变现，就一定会涉及想要变现的商品。那么，你就需要思考这样一个问题："我在微信朋友圈里卖什么东西能赚钱？"

要解决这个问题，建议大家先从观察微信朋友圈做起。比如，当你发现有一款商品在微信朋友圈卖得很火时，不妨买来试试，结合自身和朋友的使用体验，决定是否选择这款商品。其实这个过程也就是一个小小的商品市场调研，深入分析研究商品的市场优势，才能够更加明确自身的定位。

在选择商品的时候，除了考虑市场因素，你还应考虑自己对这款商品是否熟悉。如果选择不擅长的领域，那么后面的营销也不会进行得很顺利。

2. 卖给谁

有了自己的商品，接下来就是找买家。只有找到有需求的客户，你的商品才能卖出去。

通常客户群体分为两大类：一类是精准客户；另一类是潜在客户。

精准客户其实就是对商品有依赖的客户；潜在客户就是可能对商品有需求的客户，在你的微信朋友圈里，你要找到这两类客户，并且将其分组，从而用针对性的推送方式将商品卖给他们。

那么，怎样才能找到自己的客户群体呢？

在微信朋友圈里卖货是线上营销，因此，不能像实体店一样，让客户自主找上门，而是需要你主动去找客户。同时，你对客户的要求决定了你寻找的方式。

比如你想卖给本地的人，那么你就可以想办法去添加本地人的微信好友，你可以到人们经常活动的地方——俱乐部、酒吧、咖啡馆等场所；你也可以在网上的贴吧、论坛社区、豆瓣小组等平台搜索商品的属性关键词，通过搜索目标找到这些人群经常活动的地点。

微信朋友圈的价值爆发，要从微信朋友圈定位开始。拥有明确的微信朋友圈定位，可以让你的微信朋友圈变得更有特色，从而抓住客户的心，提升客户对你的关注度。

2.2
USP 定位：挖掘自身特长，找到自己擅长的领域

在这股愈演愈烈的微信朋友圈变现风潮中，许多敏感的企业和个人都正在使出九牛二虎之力，力求搭上微信朋友圈这辆流量快车，在轻松中引流，在娱乐中掘金。而这一切的实现，首先必须建立在定位明确、目标一致的基础上。因为如果没有清晰的微信朋友圈定位，那么，你就会被淹没在浩瀚无边的微信海洋中，失去微信朋友圈变现的资本。

在前文中，我们已经了解了微信朋友圈定位的目的是抓住客户的心，那么，在这场心理战中，我们具体该怎样做呢？从本节开始，本书将对这一问题做出详细的解答。

下面，先了解一下微信朋友圈定位的第一种方法：USP 定位——挖掘自身特长，找到你擅长的领域。

2.2.1 什么是 USP 定位

"USP 定位"是从"USP 理论"衍生而来的，所以，先了解一下 USP 理论。

USP 的全称是 Unique Selling Proposition。这一理论又被称为

创意理论，最初是由美国人罗瑟·里夫斯（Rosser Reeves）在19世纪50年代初提出的，40年后，又被达彼斯进一步发扬光大。简言之，USP定位通过强有力的论证来展示一个品牌的独特之处，从而让客户感受品牌的精髓，使该品牌"所向披靡，势不可当"。

归纳起来，USP理论主要具有以下三大特征，如图2-1所示。

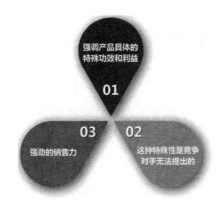

图2-1　USP理论的三大特征

了解USP理论后，再来理解USP定位就会变得容易多了。简单来说，所谓的USP定位就是锁定自己擅长的领域，向别人展示你独特的优势，并通过强有力的论述来证明这一优势。

市面上有许多品牌都是运用的USP法则，比如：

"农夫山泉有点甜"——农夫山泉；

"困了累了，喝红牛"——红牛；

"充电5分钟，通话两小时"——OPPO手机。

其中，农夫山泉的USP是"甜"、红牛的USP是"解乏"、OPPO的USP是"充电"，这些清晰明确的定位能让客户一下子明白这些商品是做什么的，优势是什么。

这也是 USP 定位的最大优势：让客户一目了然并且印象深刻。这一特点对于利用微信朋友圈变现的人而言，也是十分稀缺和重要的。在如今多如牛毛的微信朋友圈信息中，要想让自己销售的商品脱颖而出并疯狂引流，就必须突出自身的独特优势，让粉丝一眼看到并迅速记住。

比如，在刷微信朋友圈的时候，你会看到一些让你印象深刻并且十分想买的化妆品视频。实际上，这些化妆品视频之所以能够引起人们的购买欲望，正是因为这些微信朋友圈的运营者将化妆品最吸引人的一面展示了出来。

从这个角度来说，运用 USP 理论去做微信朋友圈定位是十分必要且有效的。

2.2.2　如何做好 USP 定位

通过前文的介绍，想必你对 USP 定位已有了大致的了解，并且知道 USP 定位对于打造微信朋友圈定位是可行且必要的。那么在微信朋友圈中，你又该如何去进行 USP 定位呢？

接下来，我将从个人微信朋友圈和企业微信朋友圈两个范畴，分别讲解 USP 微信朋友圈定位的技巧和方法。

1. 个人微信朋友圈：审视自己，找准优势

在现实生活中，依然有许多个人微信朋友圈的运营者犯这样一个错误：总是涉足多个领域，却找不到自己擅长的领域。可能有人认为，这样的运营会比较全面，能将自己的"触角"伸到各个客户

身上。其实不然，这种做法反而容易流失客户，使前面的努力白费，看不到任何成效。

因此，个人的微信朋友圈运营者应该客观审视自己，锁定自己的优势，向客户展现自己的独特魅力。那么，应该如何确定自身优势呢？

（1）回忆那些称赞你的话

作为微信朋友圈运营者，要想找到自己的优势和专长其实并不难，一个最简单的方法就是静下心来，好好审视一下自己，回顾一下自己过去被人称赞最多的地方是什么。

比如，你化的妆很好，许多人都称赞你为"化妆高手"，或者你很会做手工，大家都觉得你的手工作品栩栩如生。那么，化妆、做手工就是你所擅长的领域，在进行微信朋友圈定位的时候，你就可以从这里入手。

（2）思考自己对什么最熟悉

可能你会问：我没有得到过大家的称赞该怎么办？这时候，你可以仔细思考一下自己最熟悉的事情是什么。比如你可能对美食商品很熟悉，那么你就可以从这方面入手，深挖这方面的潜力，让你的定位更具专业性。

2. 企业微信朋友圈：重视品牌，加强创新

企业的微信朋友圈和个人的还是有所区别的。对于企业而言，要想发掘优势，最重要的一点就是要重视自身的品牌建设，加强创新力度。

我们先来看一个利用微信朋友圈做生意的成功案例。

"海底捞火锅"一直是国内餐饮连锁服务机构的一大品牌。为了做大,"海底捞火锅"不断地推出新策略,用创意活动来吸引客户。比如,你一关注"海底捞火锅"的微信公众号,就会收到这样一条信息:给我们发送图片,您可以在海底捞门店免费制作打印美图照片哦,快来试试吧!这样,你是不是瞬间被吸引了?你还可以通过微信享受预订座位、送餐上门、选购底料等服务,海底捞这样的创新手段怎么能没有吸引力?据悉,海底捞通过微信朋友圈,实现了高达 100 万元的每日的餐饮预定额。

"海底捞火锅"很好地通过创新做到了在坚持自身品牌价值的基础上扩大优势,为自己赢得了更多的粉丝。

以上介绍了微信朋友圈 USP 定位的相关内容,希望能够对大家有所帮助。总之,不管是个人还是企业微信朋友圈,在实际的运用中,只有找到了自己擅长的领域,才能更好地打赢微信朋友圈定位这场心理战。

2.3 STP 定位:用细分市场来精准定位

不管你以什么方式进行销售,你都要考虑市场因素。市场范围很广,有大市场,也有小市场。选好自己的市场,你才能够实现精准定位。在微信朋友圈营销,要的就是"精准定位"。你要知道自己的客户是谁,根据客户需要你才知道推送什么内容。

我们已经学习了 USP 定位法，那么接下来给大家介绍另一种从市场角度定位的方法：STP 定位——用细分市场来精准定位。

2.3.1 什么是 STP 定位

同样，了解 STP 定位，首先得从 STP 理论开始。

美国营销学家温德尔·史密斯曾在 1956 年提出"市场细分"概念，后来美国营销学家菲利浦·科特勒将其进一步发展和完善，形成了成熟的 STP 理论。STP 理论中的 S 指的是 Segmenting（市场细分），T 指的是 Targeting（目标市场），P 指的是 Positioning（市场定位）。

因此，STP 定位其实就是从"市场细分"的角度来进行精准定位。以小红书为例。

小红书的市场细分做得很具体。其主要定位为女性客户，年龄又可以细分为 16～20 岁、20～25 岁、25～30 岁，同时它还把客户的地理位置细分到北京、上海、深圳这三个城市。因此小红书所呈现出来的内容特点就是年轻化和时尚化。

小红书对市场这种精细的划分，使得它的定位更加清晰明确，从而获得客户的持续青睐。

2.3.2 微信朋友圈如何做好 STP 定位

从上文中可以看出，STP 定位法其实就是"市场细分法"。通过市场细分,你可以明确自己的客户群体,从而有针对性地推送相关内容。那么,应该怎样做好市场细分呢?面对不同类型的客户,你应该采取什么策略呢?

1. 按人口状况细分市场

首先是客户的性别。微信朋友圈里的好友是男性多还是女性多?假如你微信朋友圈的女性居多,那么你可以选择的定位就有很多了,比如潮牌服装、化妆品、美容塑形等。

其次,你可以把微信朋友圈的女性年龄分为18～23岁、23～30岁、30～40岁、40～50岁、50岁以上这五个档次。每个年龄段的客户关注的重点是不同的。比如18～23岁的女性会比较注重商品的外观,那么你就要在商品的包装上下足功夫。而50岁以上的女性会比较关心健康和商品的价格,那么你就要从这两方面去诠释你的商品。这就是通过选择具体的年龄段来决定你微信朋友圈的定位。

最后,你可以把同一年龄段的女性再做一个具体的职业划分,如普通职工或大学生,通过统计人数数量,决定你的目标客户。假如女大学生居多,那么你的微信朋友圈就要定位成一个"年轻化"的生意圈,无论是在商品的选择,还是在推送内容上都要紧跟潮流,尽显年轻化。

2. 按地理位置细分市场

你可以将微信朋友圈的客户分为两个部分:一部分是位于城市中心的人,另一部分是位于城市外围的人。如果住在城市里的客户比较多,那么你就可以营造高品位的微信朋友圈定位,这是因为城市中心区的客户收入相对较高,对于商品的质量和品牌是极为看重的。

总而言之，通过"STP 定位法"，你可以更好地细分自己的微信朋友圈市场，明确自己的客户到底是谁，从而精准定位微信朋友圈。

2.4
差异化定位：找到你与他人的不同之处

定位是微信朋友圈变现的"灵魂"。它让微信朋友圈有了与众不同的目标和愿景，让你的商品得以在市场上立足。

前面我已经为大家介绍了实用的 USP 定位方法和 STP 定位法，接下来我们来讲解微信朋友圈定位的第三种实操方法：差异化定位，它让你找到自己与他人的不同之处。

2.4.1 什么是差异化定位

所谓的差异化定位，就是找到自身和竞争对手的不同之处，这样才能跳出同质化竞争，让用户马上感受到差异性，你的差异化定位才会有价值。

下面，给大家展示一个差异化定位的案例。

世界上第一瓶可口可乐诞生于 1886 年的美国。作为"世界饮料之王"，它却在其如日中天之时撞上了百事可乐，两个企业同举可乐的大旗，最终形成分庭抗礼之势。

第 2 章 精准定位
价值爆发，从知道自己要做什么开始

随后出现了许多新品牌进攻饮料市场，但最后都以失败告终。在人们感叹无法撼动两大饮料"巨头"地位之时，七喜却以"非可乐"的定位赢得了客户的心。七喜之所以能够突破重围，在于它将自己定位成可乐饮料之外的另一种饮料，成功避免了和两种可乐的正面竞争，从另一个市场角度获得了成功，从而稳坐饮料市场的第三把交椅。

这个案例，可以说是差异化定位的上佳体现。这种方式其实就是一面避开同质化竞争，一面强化自己的优点，从而让自己成为与众不同的差异者，进而赢得客户的青睐，在竞争激烈的市场中站稳脚跟。

那么，这种定位方法是否适用于微信朋友圈定位呢？答案显然是肯定的。

我们都知道，在微信朋友圈里，营销市场已相对饱和，这对于那些刚刚入驻微信朋友圈的新手而言既是一个坏消息，也是一个好消息。说它是"坏"消息，是因为想在相对饱和的市场重新杀出一条血路并非易事；而说它是"好"消息，是因为众多的同类型微信朋友圈往往可以为你的微信朋友圈运营提供更多、更好的参考。而这个参考的过程，其实就是进行差异化定位的过程。

具体来说，就是在利用微信朋友圈变现的过程中，你需要找到与你同类型的、做得已经非常成功的微信账号，研究这个账号的特点、发布的内容、用户的反馈等，总结出它吸引人的地方。然后根据自己的账号特点，避开这个账号最大的优势，不与之发生正面冲突，又能让人有所联想，吸引一部分流量，进而找准符合自己特点的定位。

在利用微信朋友圈变现的过程中，如果你能掌握这种高明的微信朋友圈定位方法，那么，你就找到了一条运营微信朋友圈的捷径。

2.4.2 微信朋友圈如何做好差异化定位

我们在前文中说过：差异化定位，就是找到自身和竞争对手存在的不同之处。那么，在利用微信朋友圈变现的过程中，你该如何寻找自身的不同之处呢？下面介绍几种实用方法。

1. 学会避强，寻找"差异化"的市场切入点

避强，就是避开强有力的竞争对手进行市场定位。这种方法可以让你发现某个市场"缝隙"或者"空白"区域，快速找到"差异化"的市场切入点，发展目前市场上没有或者很少的特色商品，迅速在客户心中留下印象，在竞争激烈的市场中占据一席之地。

那么，如何才能有效地避强？其主要方法就是做"竞品分析"。

（1）为什么要做竞品分析

俗话说，有人的地方就有江湖，微信朋友圈也是如此。如果我们想要玩转微信朋友圈并因此而获利，那么对竞争对手的微信朋友圈进行分析是非常重要的。知己知彼才能百战不殆，这就是你做竞品分析的主要原因。上到上市的大企业，下到街边小摊贩，想要成功，持续地做竞品分析势在必行。因此，在微信朋友圈做生意的你，当然也要做好竞品分析。

（2）怎么做竞品分析

第一，确定分析对象。

第二，搜索相关的行业资料和数据。你可以在自己实际体验过程中，记录商品的数据变化，从而推断出整个平台的部分商品数据；你也可以在一些专业数据网站查找你所要的资料，比如企鹅智库、爱知客、艾瑞、易观、199IT、TalkingData 等，虽然这里面有的内容需要付费，但大部分的内容可供你免费参考。

第三，在获取这些资料后，你可以把这些资料做一个整理，比如用 Excel 表来直观展示，这样会有一个很好的对比，让你在有限的时间内得到竞品的分析结果。

总之，你在进行差异化定位时需要对竞品有一个初步的筛查，避开那些很强的竞品，你才有机会取胜。比如你想进军饮料市场，通过市场调研，你发现可乐类的饮料品牌居多，那么你就可以放弃做可乐类的饮料，选择另一款好喝且市场上品种不多的商品，这样你推出的商品才能发展成为自己的个人品牌。

2. 挖掘自身差异化优势

要想找到自身的差异化优势，需要把自己和竞争对手做一个比较。

我的朋友赵某曾跟我说她想在微信朋友圈卖货，但是她一直犹豫应该做什么产品。我建议她到市场上去看一看，尤其是大型超市，于是她就去看了。在超市里，她发现生鲜类的商品卖得最好的，是鸡蛋。

回来后她跟我分析："我发现超市里的土鸡蛋品种好少啊，但是很多客户更倾向于购买土鸡蛋，要不我就把自家产的土鸡蛋作为商品吧！"

后来，她通过微信朋友圈出售自家的土鸡蛋，推出了自己的个人品牌，取得了很好的收益。

这个案例中的"土鸡蛋"就与平时超市里的普通鸡蛋不同，胜在口感更好，于是"土鸡蛋"就弥补了市场上一些客户的需求缺口，因此，卖家取得了成功。

总之，在挖掘自身差异化优势的过程中，要分析竞争对手的微信朋友圈定位，分析它走红的原因，然后你再思考自身的商品在哪些方面更好，从而挖掘自身的差异化优势。

比如你想做口红，但是又不知道做哪个方向的口红，这时你可以搜索那些竞争对手所卖的口红。如果你发现他们所卖的都是一些国外品牌口红，价格一般都很贵，而此时你有便宜国货口红的进货渠道，那么你就可以定位成"国货之光"。这样既能引发客户的爱国情怀，也能满足客户的价格需求。

总而言之，你可以根据本节所讲的方法，找到自己与他人的不同之处，实现微信朋友圈的差异化，从而在众多微信朋友圈中脱颖而出。

2.5
热点趋势定位：用最低成本打造出最好效果

对于市场定位，肯定有人有这样的想法：管你黑猫白猫，能抓到老鼠的就是好猫。实际上，这种"胡子眉毛一把抓"的做法常常

第 2 章 精准定位
价值爆发，从知道自己要做什么开始

会增加不必要的成本。

也许你会反驳："瞎猫也能捉到死耗子！"但是你有没有想过，这只是运气好，而好运气是不能一直复制的。"瞎猫"式的定位方法只能让你瞎转圈，浪费大量的时间和精力，最后的效果却不一定好。

在信息时代，"热点"是一个很好的营销手段。它能够在短时间内快速为微信朋友圈运营者带来商机。所谓的"热点"并不是设备端的网络热点，而是指信息在传播中最受大众关注或欢迎的某个点，具有传播和关注的广泛性的特征。

具体来讲，"热点"可分为广义和狭义两方面。广义的"热点"可指"新闻热点"和"社会热点"；狭义的"热点"可指某个事件、地点、观点或者词汇。

在 5G 时代，热点信息就像"G 点"，能够刺激到客户，让客户产生兴趣与思考。因此无论是大的"政治会议"热点还是小的"Freestyle"热点，方方面面的信息你都可以利用。

那么，究竟什么才是热点趋势定位呢？具体又该怎么做呢？下面介绍热点趋势定位——用最低成本打造出最好效果。

2.5.1　什么是热点趋势定位

热点趋势定位，顾名思义，就是一种靠"追热点"的方式来进行微信朋友圈定位的方法。

先一起来看一个案例。

2019 年起，全国地级以上城市全面启动生活垃圾分类工作。在试点城市上海，7 月 1 日正式实行《上海生活垃圾管理条例》，

市民们再也不能像从前那样把所有垃圾装在一起，而是要把生活中的垃圾按类分装，主要分为干垃圾、湿垃圾、有害垃圾、其他垃圾、可回收垃圾这五大类。

公告一发布，就有很多人嗅到了商机，开始在微信朋友圈卖分类垃圾桶，一下子就很畅销，取得了巨大的收益。同时伴随着各大城市垃圾分类的推行，这种分类垃圾桶未来也会是全国各地的"宠儿"。

这个案例中，人们就是利用了"垃圾分类"的社会热点，进行自己微信朋友圈的商品定位，让客户自动"靠近"你的微信朋友圈。

总之，热点趋势定位其实就是将客户的注意力吸引导到商品上，以达到为大众所知并带来利润的营销策略。

2.5.2 微信朋友圈如何做好热点趋势定位

知道了什么是"热点趋势定位"后，接下来介绍"热点趋势定位"的具体方法，如图2-2所示。

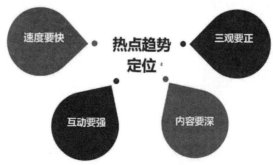

图 2-2 热点趋势定位的具体方法

1. 速度要快

热点之所以"热",关键在于其时效性。如果你不能在第一时间抓住它,那么最好的销售时机可能就会被别人抢走,等你再去做时,就没有任何竞争优势了。

因此,你需要有一个灵敏的嗅觉,快速完成热点的转化。那么,这种快速的转化又该如何实现呢?

(1)快速了解

当你发现一个"热点"之后,要快速了解这个"热点"事件的始末,比如"热点"事件的可靠性、核心舆论等。

(2)快速融合

了解这些情况后,你需要快速将"热点"和你自身的商品融合到一起,这样才能发挥"热点"在商品身上的效用。

(3)快速传播

传播速度是决定你营销成败的一个关键因素。如果你能同时推进线上和线下的分享传播,让大众快速地接收到你的商品信息,那么大众的视线和话题会不由自主地转向你。

2. 三观要正

你所传播的微信朋友圈内容可以不够完善、不够惊艳,但是千万不能越过道德的底线,扭曲大众的三观,也千万不要对一些社会谴责的话题进行美化或者辩解。

举个例子,目前各种打着传授恋爱技巧的文章和视频铺天盖地,很多内容都是迎合部分女性的心理而制作的,传达着这样一种思想:女生就要被宠着,不懂女生的男生就是"渣男"。可怕的是,竟然有许多女生选择相信,以至于男女双方的关系愈加恶化。

因此你在选择"热点"的时候，一定要考虑其观点的正确性，这样才能树立正面的个人品牌形象，不会遭受到大众的抨击，从而引导社会正能量。

3. 互动要强

虽然人是独立的个体，但是世界是一个集体，没有人能够脱离集体而独立生活在社会当中，这也是微信朋友圈运营的基本法则。

身为微信朋友圈的运营者，在抓住热点的同时，也不应忘记和客户互动。这样才能让客户真正的参与进来，把你的品牌当作话题，产生所谓的"热点话题感"。

4. 内容要深

这里的"深"，是指微信朋友圈品牌的内容深度，即内容的深刻性所带来的商品影响力和感染力。

一个具有感染力的热点趋势，可以有趣，可以套路，但并不能只局限于形式上的简单煽情，其内容要经得起大众深入思考的检验。

热点趋势定位法是一把双刃剑，用好了可以让你的微信朋友圈品牌走得更远，用得不好可能导致你的品牌形象一蹶不振。因此，对于生活中的"热点趋势"，一定要慎用。

相信你在把握正确热点趋势的基础上，进行"二次创造"的微信朋友圈定位，会在节省成本的同时创造更好的营销效果。

以上四种定位方法论是微信朋友圈的实操定位方法，希望能够对你有所帮助。

第3章

客户
认知

在微信朋友圈,卖商品不如卖关系

在微信朋友圈里,做的都是熟人生意,因此,你与客户之间的关系就显得十分重要。在微信朋友圈,卖商品不如卖关系。只有把客户关系处理好了,你的微信朋友圈才能真正实现长期变现。

3.1
没有稳定的关系就没有微信朋友圈的变现

我们先来看一个利用客户的稳定关系快速成长的案例。

星巴克是一个很神奇的公司。在2001—2010年期间，星巴克的股价上涨了2200%，被《商业周刊》评为"全球品牌100强"的最佳品牌之一。

星巴克之所以成长得这么快，得益于星巴克的一大关键资产——稳定的客户关系。星巴克的董事长舒尔茨曾一再强调："星巴克的商品不是咖啡，而是'咖啡体验'。"星巴克战略的核心部分就是与客户建立稳定的关系，特别是客户与"咖啡大师傅"的关系。

所以，星巴克的每位"咖啡大师傅"都要接受培训。其培训的内容包括：咖啡知识、零售基本技巧以及客户服务，便于和客户建立稳定的关系。

除了"咖啡大师傅"需要培训外，其收银员也要接受培训。收银员在收费的时候，需要对客户的性别和年龄做一个统计，这样，公司能够很快知道自己客户的特征。

星巴克还会通过反馈来加强与客户之间的关系。每个星期，星巴克管理团队都会阅读客户的意见卡，这些原始的、未经过任何处理的意见卡，就是星巴克与客户直接交流的"桥梁"。

星巴克正是因为对客户关系的重视，才取得如此巨大的进步。

在营销界里，有这样一条"250定律"："每一位客户身后都隐藏着250名亲朋好友，而这些亲朋好友都有可能成为你的客户。"在微信朋友圈里，这条定律同样适用。如果你能与客户维持一个稳定的好友关系，让他成为你忠实的客户，那么他身后的250名亲朋好友同样会相继对你产生兴趣，并对你产生信任。

那么，对于你打造微信朋友圈而言，稳定的客户关系究竟对营销有什么样的重要性呢？

3.1.1 稳定的客户关系是微信朋友圈变现的基础

我的朋友李某在微信朋友圈卖耳饰。她比较孤傲，对客户总是爱答不理。平时她只能通过一些促销活动来赢利，其他时间很少有人找她买耳饰。这就导致她微信朋友圈的"变现率"极其不稳定，有时候一个月能赚一万块，有时候两千块都赚不到，于是，三个月后，她就做不下去了。

从这个案例中不难看出，一个稳定的客户关系，是微信朋友圈变现的基础，它能给你的帮助包括以下两点。

1. 提高客户的满意度与忠诚度

稳定的客户关系，能帮助你掌握客户的第一手资料，对客户的需求或潜在需求也能及时发现，从而推出更多客户喜爱的新商品。

同时，稳定的客户关系能让你从客户的抱怨中发现自己的不足，不断地调整经营策略，从而提升客户的满意度与忠诚度。

2. 促进客户增量购买

稳定的客户关系，能够提高客户对你的信任度，因而客户"回头"购买商品的可能性会增大；相反，如果你和客户之间的关系不够稳定，那么客户可能会减少购买。

3.1.2 稳定的客户关系能节约交易成本

很多人为了帮自己赢得客户的关注，会花钱去开发新的客户，交易成本就提高了。事实上，如果你在运营微信朋友圈的过程中拥有稳定的客户关系，那么，你就完全不必担心客源问题，你的交易成本也会得到有效的控制。因为，当你和你的客户关系良好、稳定后，你的客户就会对你所推送的消息有所关注，这就为你节省了一大笔宣传、促销的费用。这样，你对这些稳定的老客户开展"一对一"的营销后，你的变现概率会大大提升。

另外，客户关系稳定，老客户会主动为你进行宣传，这样就会有更多的新客户参与进来，为你节省了成本。

总而言之，你只有和更多的客户维系稳定的关系，才会有更多的好友为你的个人魅力点赞，对你产生信任，进而购买你的商品，让你实现微信朋友圈变现。

在了解重要性后，接下来就是怎样建立稳定的客户关系。建立稳定的客户关系主要分两步：第一步，用自身的魅力去吸引客户；第二步，用高情商征服客户。

3.2
建立稳定关系的第一步：用自身魅力去吸引客户

自身魅力是成功的秘诀之一。微信朋友圈变现的关键也有自身魅力这一要素。如果你能有自信的态度，用自身的魅力去打动客户，那么你与客户之间的关系自然就搭建起来。

有一个成功利用自身魅力的案例让我至今记忆犹新。

一个专门在微信朋友圈卖水果的小哥，名字叫"美果队长"。他并没有像其他人一样在微信朋友圈疯狂刷屏，而是在自己的微信广告语上写了这样一句话：水果哥，哥卖的不是水果，而是梦想。后来，他在微信朋友圈发布消息的时候，很多人都被他这句自信的广告语所吸引，于是他的人气越来越高，与很多客户建立了长久的合作关系。

这个案例中的"美果队长"就是对自己拥有足够的信心，用自身的魅力获得了客户的关注。

由此可见，稳定关系不是自己求来的，而是靠自己"吸引"来的，那么要想拥有吸引客户的魅力，你需要从以下几个方面去塑造。

3.2.1 学会自信，是为了更好地感染客户

拿破仑·希尔曾经说过："自信，是人类运用和驾驭宇宙无穷大智的唯一管道，是所有'奇迹'的根基，是所有科学法则无法分析的玄妙神迹的发源地。"奥里森·马登也曾说："如果我们分析一下那些卓越人物的人格物质，就会看到他们有一个共同的特点：他们在开始做事前，总是充分相信自己的能力，排除一切艰难险阻，直到胜利！"

这两段话都揭示了自信心的重要性。那么，怎么才能拥有自信呢？

1. 改变委曲求全的思维方式

客户虽然是上帝，但是你也不能因此感到卑微。所以，你要转变委曲求全的思维方式，相信自己所打造的微信朋友圈花园是值得人们"观赏"的；与其自己费尽心思地去寻找蝴蝶，还不如让蝴蝶"自来"。

2. 对自己的商品要有信心

在微信朋友圈，你想说服客户，首先得学会说服自己。你要坚信，自己选择的商品能为你带来成功，这样你在用宣传商品的时候，更容易发现商品的优点和特色，让你的微信朋友圈营销变得更加吸引人。

3. 正确面对质疑声

想必你做生意的时候，会经常遭到一些质疑，比如你身边的朋友都不看好你的发展前景，总是给你泼冷水，或者你刚用微信朋友圈进行营销的时候，缺乏一些要点，给客户带来的体验感不佳，有

些客户可能会当面指责你。

这时候,你要正确面对这些批评,不要因此而感到失落与悲伤,及时地调整自己的心态,根据客户所提出的建议去不断改进自己。这样才能越战越勇,让你的客户对你刮目相看。

3.2.2 客户的崇拜感,来源于你的"真材实料"

个人魅力的提升,光有自信心还不够,还需要让客户感受到你的专业知识储备。不要让客户觉得你是一个光会吹嘘的人,只有你的脑子里有"真材实料",才能让客户对你产生崇拜感。你可以从以下几个方面去充实自己。

1. 养成读书的习惯

腹有诗书气自华。"央视一姐"董卿就是凭借她渊博的知识储备,赢得了观众的认可与赞赏。她曾在自己的采访中透露,自己有一个习惯,每天都会坚持看书,就算再忙也要看。就是这种爱看书的习惯让她的个人魅力尽显。在中国诗词大会上,她随口说的一句话就是经典,不禁令人赞叹不已。所以,你也要培养读书的习惯。在利用微信朋友圈变现的过程中,常常去翻阅一些跟你卖的商品相关的书籍,或者去搜集一些相关的材料,从而增加你的知识储备。

2. 向别人学习

三人行,必有我师焉。储备知识,除了自己学,还可以"踩着"别人的肩膀学习。

比如,当你在为你的微信朋友圈文案发愁的时候,你可以向那些文案大神学习,像是购买对方的付费课程,从中找寻自己需要的东西，对自己的微信朋友圈文案进行润色。当你不知道怎样和客户互动时，也可以看看别人是怎么跟客户互动的。

当你通过各种方式储备好知识后再去营销，会发现自己游刃有余，于是会越来越有自信，从而让微信朋友圈里的客户感受到你独特的魅力。

总而言之，你需要不断地学习，扩充自己的知识储备，这样才能赢得客户对你的认同。

3.3
建立稳定关系的第二步：用高情商来征服客户

《红楼梦》里有一个八面玲珑的角色——王熙凤。她是个有高情商的代表性人物。林黛玉初到贾府的时候，王熙凤拉着林黛玉的手上下打量，边打量边赞叹："天下真有这样标致的人物，我今儿才算见了！况且这通身的气派，竟不像老祖宗的外孙女儿，竟是个嫡亲的孙女，怨不得老祖宗天天口头心头一时不忘。"

在那个时代，对于长辈而言，孙女自然是比外孙女更加亲近，王熙凤的这一段话既夸了林黛玉，又夸了贾老太太，还把贾老太太的四个亲孙女——元春、迎春、探春、惜春一并给夸了。这样高情商的话谁听了都会喜欢，这也是王熙凤在贾府拥有稳固地位的原因之一。

在工作中道理也是一样，高智商的人通常都会拥有很强的学习能力，能更轻松地完成工作。但是光有智商还不够，情商也很重要。高情商能让人在复杂的社会里处理好人际关系，从而在这个流量时代里为自己争取更多的客户，赢得更多的人气。

可能你认为自己的情商不高。没关系，情商是可以培养的，下面就提供几种提升情商的方法。

3.3.1 善于观察客户的喜好，站在客户角度思考问题

在微信朋友圈，与客户相处就像钓鱼，投其所好，才会有所收获。

或许你会发现，总有一些神情沮丧的销售人员每天无奈地奔波，毫无收获。为什么会这样呢？这是因为他们永远只在想他们所要的——赚客户的钱，但是客户的喜好他们却全然不知。

比如，你向客户推销自己的水果，却不知道客户喜欢吃哪种水果。客户不喜欢吃榴莲，但你毫无察觉，一味地给客户推荐最贵的榴莲，就会导致客户很反感。要知道，客户永远喜欢自主购买的感觉，而不是被人强迫的感觉。

所以，你在推销商品的时候，要先了解客户的需求，观察客户的喜好，才能赢得客户的关注。下面一起来看一个案例。

临近"双十一"，淘宝店主赵某忙得不可开交。和其他淘宝店主不同的是，他的大部分订单都是来源于自己的微信朋友圈。

赵某开始在淘宝上做生意的时候销售额一直不乐观，后来他发现了微信朋友圈卖货的商机，于是把销售主场转移到微信朋友圈来。经过多次的分析与观察，他发现微信朋友圈的很多人都在讨论艾草的养生功效，言语之间流露出浓厚的喜爱之意，于是他快速和种植艾草的农户取得联系，开始在微信朋友圈销售艾草。

不出所料，赵某的艾草在微信朋友圈推出后，为很多养生人士所关注，再加上微信好友对赵某的信任，大家都纷纷找赵某购买艾草。这些客户有了第一次的消费满意体验后，就成为了赵某的回头客。

这个案例中的赵某，就抓住了客户的喜好，从客户的角度来思考问题，在了解了客户的真实想法后，找到了彼此的契合点，拉近了自己与客户之间的距离，从而把商品成功地销售出去。

3.3.2 学会倾听是最有效的沟通技巧

倾听是解决客户问题的前提。在倾听客户投诉的时候，不但要听他所表达的内容，还要从中发现他情绪的变化，判断客户是失望、烦恼、泄气还是愤怒，从而对症下药，解决客户的问题。

在倾听的时候需要注意以下几个方面。

1. 尽量少提问

客户在向你倾诉意见的时候，你只需要做一个安静的"倾听者"就可以了，不要频繁地向客户提问，不然会让客户觉得你很不尊重他。

2. 避免先入为主

在倾听客户意见的过程中，你肯定会在脑海中对客户所提出的一些意见形成相应的态度，但是你最好先不要急于表达自己的意见，比如对客户说："我认为这个事情没有你说的那么糟糕……"这样过早的反驳会让客户产生愤怒的情绪，伤害你和客户之间的感情。

你在倾听客户意见的时候，可以多用一些口语来安抚客户的情绪，比如："我明白""您说吧，我听着""没关系，我们一起来讨论讨论"。这样既给了客户面子，也能够在一定程度上安抚客户激动的情绪。

3.3.3 少一些自卖自夸，多一些询问答疑

很多在微信朋友圈营销的人常常使用一种推销方法：自卖自夸。但是对于客户而言，这些夸耀式的文字并不能让他们心动，究其原因，在于这种推销方法是错误的。客户购买商品的理由，并不是卖家对商品是否满意，而是他们自己对商品是否满意。

在微信朋友圈，真正的好评不是"自卖自夸"，而是客户给予的好评价。所以，你在微信朋友圈里，可以多晒一些客户的好评截图。我微信朋友圈里的陈某因为经常在微信朋友圈晒单，既避免了别人对自夸所引发的反感，又借助别人的力量来赞美了自己的商品，促进了销售，可谓一举两得。

你在餐厅吃饭的时候，是否遇到过这种情况：服务员在你吃饭的时候，上前询问你对菜品的意见，请你根据自己的体验提出建议。服务员会整理这些建议反馈给后厨，以此来不断提升客户对餐厅的满意度。

其实这也是一种高情商的做法。在微信朋友圈里，除了少一些自卖自夸，你还需要多一些询问了解，积极主动地和客户互动，了解他们的需求和顾虑，从而在这个过程中赢得客户的信任，获得一个又一个订单。

同时，面对客户的询问要耐心解答，让客户感受到你热情真诚的服务态度，从而愿意与你维持一种稳定的关系。

第4章

五步设计微信朋友圈品牌名片

在微信里,微信朋友圈形象其实就是你的"微名片"。客户可以通过你的微信昵称、头像、个性签名、背景图、微信朋友圈动态来判断你是一个怎样的人。因此,你要学会建造微信朋友圈的"外表装饰工程",设计一张能出单的微信朋友圈名片,从而吸引客户。

4.1 昵称是最直接、最有效的广告载体

双方添加微信好友时,微信昵称往往是呈现给对方的第一印象,因此拥有一个得体又很有特色的昵称是非常重要的。对于做生意的人来说,第一印象往往会影响客户对自己的看法,所以必须仔细斟酌,用一个辨识度高的好昵称去吸引客户,减少沟通成本,在客户心中留下深刻的印象。

要想利用好"微信昵称"这个广告载体,必须注意以下几个方面。

4.1.1 要有品牌意识

在互联网时代,碎片化信息越来越多,人们对于一件事的记忆也会越来越弱。如果你想让客户记住你,你就一定得有品牌意识,将自己的昵称打造成一个品牌商标,这样才能让你的"IP"形象更深入人心。

那么,怎样才能让自己的微信昵称更有"品牌感"呢?

1. 抓准关键词

你在找准定位后,可以上网搜索相关的微信昵称。知己知彼,

百战不殆，先看看别人怎么取名，自己想的名字有没有被别人用了，了解这些后，你可以开始提炼自己昵称的关键词了。

比如你是做蜂蜜生意的，那么你的昵称里面一定要有"蜂蜜"两字。如果你取"甜甜蜜蜜"作昵称，虽然体现了商品的特性，但是却无法看出你是做蜂蜜生意的。

2. 重复昵称，增强品牌刺激感

近几年大火的网络红人李子柒，就是以自己的本名作为微信公众号的昵称，同时她微博、淘宝等其他平台上的昵称也都是"李子柒"。这样不断重复，会给客户产生强烈的"印象刺激"，同时这种本名的昵称也增强了真实感，让客户产生更多的信任感。

所以要把自己的微信昵称当作自己的品牌，不管什么时候都使用它，这样才能增强微信昵称的影响力。

4.1.2 简单易记，搜索便捷

微信昵称就像"身份证"，具有唯一性。如果想用微信昵称做好营销，那么微信昵称一定要具有易传播、易记的特点。

通常情况下，用词奇怪、字数过多的微信昵称是很难记忆的，因此，一个好的微信昵称其实不需要花里胡哨。想要客户记住你，你的昵称就必须符合客户的记忆习惯。就像被人熟知的九九乘法表、唐诗三百首、生活俗语一样，能够让客户产生熟悉感，从而在短时间内记住你。

为了避免微信昵称复杂，要尽量少用繁体字、表情、符号以及奇异的外国文字，也不要在中间添加一些不重要的信息。只有准确提炼自己的重要商品特点和信息，才便于客户搜索你的微信号。

简单易记的昵称是有起名策略的。假如你已有自己的品牌，那么你就可以采取"个人昵称+工作标签"的起名策略，比如，罗振宇的"罗辑思维"就是采用自己的"罗"姓，然后加上自己的工作属性标签，在全国打响了"罗辑思维"个人品牌。假如你还没有自己的品牌，那么你可以采取"实名+公司/项目名称"的结构来取名，比如"×××家电销售"。只要你在微信朋友圈足够活跃，推送的内容吸引人，那么你的微信昵称同样也会给你带来巨大的收益。

4.1.3 长久保持，永久记忆

在日常生活中，你是否碰到过这样的情况：一个多年的好友突然改了名字，再次面对他时，你不知道该怎么叫他。叫旧名虽然更亲切，但毕竟人家已经改了名字，所以再叫旧名也不好，叫新名却又觉得十分陌生，容易忘记。这其实就是更换名字给人带来的困扰。

记得我曾经关注过一个微信公众号，它的内容和昵称一直深深刻在我心中，只要我遇到相关方面的问题，我就会去这个公众号寻找自己想要的答案。突然有一天，我去找这个公众号的时候，找了半天都找不到，后来发现它居然改名了，新名字让我感到陌生，我内心有些不悦。由于我总是记不住这个新名字，每次都查找不到，于是干脆取消了关注。

从这个案例中可以看出，一个公众号的名字一旦确定下来后，就不要随意更换。你更换名字后，客户需要花费更多的时间和精力去记住你，记忆负担很重，最终导致客户因为经常找不到而将你忘掉。

通常情况下，如果你频繁更换微信昵称，会让你的好友觉得你是一个不太靠谱的人,甚至会怀疑你是一个骗子。因此,长久保持微信昵称除了可以让客户永久记住你,还能增强客户对你的信任。

所以,你的微信昵称一旦确定后,就不要随意更换。相信经过长时间昵称的展现,你会在客户心中留下长久的印象。

4.1.4 丢掉技巧,真诚相待

网上有许多微信起名技巧,主要分为以下几大类,但是这些技巧往往会"弄巧成拙"。

1. 特殊符号、表情类

起这类微信昵称的人大多是想展示自己的个性,让自己在众多好友中显得与众不同,比如:"♛大呲花""青柠&...love""夏至(^ω^)花开"。

2. 外文类

有些人为了让自己的昵称看起来更高端,会使用一些日文、韩文、阿拉伯文等外国文字,但是这样的取名方式会让客户根本看不懂,比如,"暮色浓妆ら""花天の哼哈"。

3. 以"A"开头类

许多商家这样做其实是想让自己位于客户好友列表的前排,这样能让客户方便查找,在客户的通讯录里抢占先机。但是随着加"A"的微信昵称越来越多,位置优势其实也不再那么明显了。

相反,在客户眼中,这些昵称前面加"A"的人大都是一些"微商",于是在添加的时候通常会对你产生一种提防心理,不会轻易主动打开话匣子与你交谈。

那么，抛开这些技巧，微信昵称应该怎样取，才能足够真诚，从而获得客户的信任呢？我们给大家归纳了几种具体方法。

1. 真实姓名——提升信任感

知名微商自媒体人褚伟、微博明星大V龚文祥都是用自己的真实姓名作为自己的微信名字，这样毫无保留地把自己的姓名展示在客户面前，会让客户的信任更深。

2. 真实姓名/昵称+品牌名/代理级别

如果你是某某品牌的总代理或者一级代理商，那么你就可以采取这种方式，这样既可以突出你的品牌或公司，又可以让客户记住你的名字。

3. 团队名称+名字

如果你是某某团队的创始人，采用这种模式的昵称名会扩大你团队的影响力，从而提升团队的威信力。

4. 商品名称+昵称

这种方式运用的较为广泛，比如："陕西蜂蜜哥""山药哥赵作霖""采茶大妹子"，客户一看到这种类型的昵称就知道你是卖什么的，是男是女，身处何方，这些基本信息的呈现会让客户更加信任你。

总而言之，在微信朋友圈变现的第一步就是拥有一个好昵称。微信昵称是决定粉丝信任度、回头率的重要因素，你想要玩转微信朋友圈，就必须从昵称开始。

4.2 头像也是一种表达

打开微信朋友圈,首先进入人们视野的除了微信昵称,还有微信头像。微信头像虽小,却是微信朋友圈中最引人注目的"广告位"。客户可通过你的头像对你作初步判断。所以,头像也是一种表达方式,一定要用心设置,用好这个"广告位",在客户心中留下好印象,从而节省社交成本。

那么,如何去利用好微信头像这个"广告位"呢?不妨一起来学习一下。

4.2.1 头像要清晰,识别度高

先来观察这样一个微信头像,如图 4-1 所示。

图 4-1 微信头像案例

图 4-1 所示的微信头像，就是一个典型的"渣像素"头像。看到这个头像后，人们会产生这样一个疑问：这是谁？怎么看不清楚？

通常，"渣像素"的头像会给人一种模糊感。你的形象不清晰，客户就不会找你买东西。由此可见，头像的清晰度非常重要。清晰的头像能在有限的头像"广告位"中展示你的个人形象，从而加深在客户心中的印象。

让微信头像更好地展示自己，必须注意以下几点。

第一，图片像素要高，拍摄镜头一定要是干净的，这样拍出来的图片才不会有模糊感。

第二，图片背景要简单，元素不宜过多，否则头像中的主题部分不突出，客户的注意力会不自觉地转移到其他地方。

第三，图片的色彩辨识度要高，比如亮色的主体部分，就应该搭配浅色的背景颜色才更容易凸显主体。

第四，图片主体和背景的比例要合适。如果你的头像是一张人物图，那么人物就不能太小。

第五，图片的尺寸要符合规定，不能过度压缩与变形，否则会影响图片的美感。

人类都是视觉动物，对于一眼就能看到的东西，往往会产生不同的感受。所以，要想在客户心中留下深刻的好印象，不仅你的照片清晰度要高，识别度也要高，这样才能让别人一眼记住你是做什么的。

举个例子，"罗辑思维"的罗振宇所用的头像，始终就是他自身的照片：万年不变的职业装＋框架眼镜＋和蔼的笑容，如图 4-2 所示。

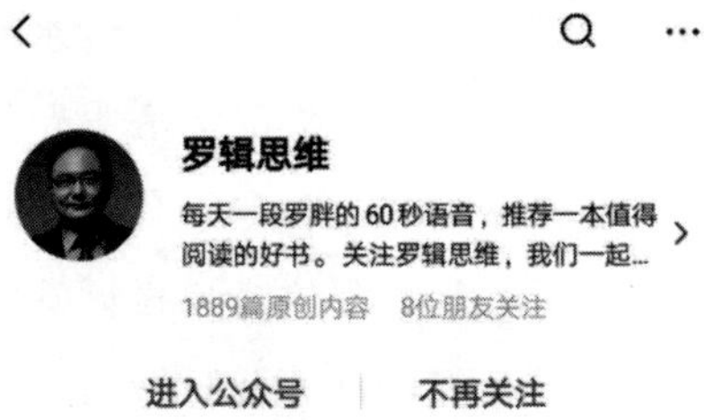

图 4-2 "罗辑思维"的罗振宇所用的头像

他的这张头像干净简洁、大方得体,让人印象深刻、过目难忘。

因此,在选择微信头像的照片时,一定要仔细斟酌,不然你的一次随性选择可能会造成客户的流失。

4.2.2 照片要真实

现实生活中有不少人会用网上帅哥美女的照片作为自己的头像,还有很多人会把自己偶像的照片当作头像,对于一般人来说,这种做法无伤大雅,但是对于利用微信朋友圈做生意的人来说,建议不要采用这种不真实的照片,因为用自己本人的真实照片能够给客户带来安全感。

可能会有人说:"我长得又不好看,那么不上相,如果把我的照片当作头像可能让客户反感。"其实这种情况是可以解决的。

你可以把自己的照片用 Photoshop 做一些简单的美颜处理,让别人一看到你的头像,能够感受到你身上那种真实、美好以及独特气质。如果你不会处理照片,可以直接到照相馆照一张职业照,这样既能凸显你的专业性,又能向客户展现你的外在形象。

我的一个朋友就曾因为用网图当微信头像不真实而遭到客户的投诉。她其实是一名心理咨询师,在正规的心理机构上班。她遭到客户投诉后,十分不解,跑过来找我"吐苦水"。我问她:"你联系那位客户了吗?你了解他投诉你的原因吗?"她表示自己对于被投诉感到很生气,不想联系那名客户,我仍劝她给那位客户打了电话。在沟通后,我们了解到,那位客户投诉她的理由是:微信头像太不真实,感觉像骗子。于是,她及时做出解释,说明自己职业的真实性,后来这位客户撤销了投诉。经过这件事情后,她再也没有用以前的那张"网图"了,而是换上了自己的工作照,后来这种投诉的情况就再也没有发生。

从这个案例中可以看出,头像的真实性有多么重要。它会影响客户对你的信任,如果不能向客户展示你真实的一面,那么你未来的生意也是十分难做的。

4.2.3 贴近职业,风格匹配

如图 4-3 所示。这组头像对应的职业依次是医生、教师、销售员、化妆师。

图 4-3 微信头像案例

看完之后你会不会有种"驴唇不对马嘴"的感觉?

如果你的微信只是加了一些亲朋好友,那么用这些表情包当作头像是没有问题的,但如果你要去和一些客户沟通交流,那客户可能会觉得你是一个不正经且不专业的人,从而使你的形象大打折扣。

所以，选择的微信头像的风格要符合自己的职业。比如你是一个发型师，那么你就要选择与理发相关的头像；你是一个医生，就可以用自己的医生照作为头像；你是一个化妆师，你的头像就要有美妆的一些元素。事实上，不同类型的人群选择的照片也有侧重点，如个人品牌就直接用自己的照片，本地化商铺就可以用店铺照片，某类商品就可以用明星代言的照片，企业就可以用企业LOGO。

当前市场都讲究视觉营销，拥有一个适合的微信头像，能够给客户一个好的视觉感受。所以，重视微信头像的选择与表达，才能给客户留下较好的第一印象。

4.3
给自己贴上个性标签

著名英国小说家哈代曾说："凡是个性强的人，都像行星一样，行动的时候，总把个人的气氛带了出来。"由此可见，个性的力量是强大的。纵观商界那些成功的人士，你会发现，他们身上都有自己的"个性标签"。比如互联网行业的大神——马云。马云的先天优势不强：长得不帅，从小学习成绩一直不好。但就是这样一个没背景没资源的"草根"，最后创造了阿里巴巴商业帝国。他身上的个性标签就是"颠覆者""草根逆袭"，凭借这些个性标签，马云成为了无数创业者的励志导师，参加各种演讲与外交活动，成为了商界大佬中的"佼佼者"。其实微信运营也是一样的道理。在微信朋友圈里，要想成功变现，就必须创造属于自己的个性标签，在众人里突围出来，让客户一眼就能记住你。

4.3.1 个性签名是展示性格、三观的直接方式

微信朋友圈能直接贴个性标签的功能莫过于个性签名了，那么，什么是个性签名呢？

简单来说，个性签名就是个人标志，是一种用文字展现自己的方式。微信朋友圈的个性签名通常位于头像的旁边，对方在添加你时肯定会看到个性签名。因此，好的个性签名就是一个加分项。有时候光从昵称和头像看不出一个人的个性，但个性签名的短短几行文字一定会体现一个人的风格，所以它是一个向客户展示性格、三观的直接方式。因此，个性签名也是微信关键的营销载体，是一个个性展示位，是你自己的专属"头衔"。写好你的个性签名，你才有可能从众多竞争者当中得到客户的青睐。

4.3.2 个性签名"打造法"

明白个性签名的重要性后，接下来就是如何打造自己的个性签名了。个性签名实际就是一个"个性展示位"，不能随意填写，而应该根据自身的实际情况精准填写。

在打造个性签名的过程中，你首先必须得清楚自己的目的是什么。比如你想在客户心中留下一个什么印象，是"诚信者"，还是"高端品牌者"。此外，你想达到怎样的营销目的，是想扩大自身的影

响力,还是提高自己产品的销量?想清楚这些后你才会有一个准确的定位,才能更好地提炼文字。然后,你可以在此基础上,寻找与他人不同之处。假如你和 A 都是卖茶叶的,A 卖的茶叶品类丰富,有一个门店,但你卖的茶叶是某一品种的精品毛尖,是某个地方的特产,并且拥有直接货源和线上线下的销售渠道,那么你的个性签名就可以根据这些特点来打造。

接下来,分享两种个性签名的打造方法。

1. 三观展示法

这是个性签名中最常见的一种方法,你可以根据自己的习惯、性格特征、喜欢的好词好句来编写个性签名,一起来看几个例子。

(1)没有行动,懒惰就会生根发芽!

(2)宁可累死在路上,也不能闲死在家里!

(3)行动是治愈恐惧的良药,而犹豫、拖延将不断滋养恐惧。

(4)读万卷书,行万里路,与万人谈,干一件事。

(5)做事如山,做人如水。

(6)平平淡淡才是真!

(7)行到水穷处,坐看云起时。

(8)羡慕不盲目,知足也知火候。

(9)生活再糟糕也不妨碍你越来越好。

(10)努力让自己发光,对的人才会迎光而来。

(11)爱所有人,信任少数人,不负所有人。

(12)所求皆所愿,所行皆坦荡。

(13)任何值得到达的地方,都没有捷径。

这五人的个性签名都表达了各自的人生态度以及三观,这样的个性签名往往被称为"鸡汤式"的签名,具有一定的正能量,能够让客户感受到你积极的人生态度,认为你是一个乐观的人,从而想与你接触。有时候客户的三观可能也会与你不谋而合,那么你在他心中的印象也会更加深刻。

2. 成果展示法

这种方法比较适用于销售人员,能够让客户觉得你是一个有能力的人,从而对你产生崇拜感和信任感,比如:"全国最佳×××获得者""×××金牌销售团队指导员""×××,曾获得第×届×××奖"。

以上三个签名主要是一些商界的高端人士所用的个性签名。这种个性签名用在他们身上不但没有"自夸"的意思,反而能给人一种专业感,引发客户的认同。

4.3.3 打造个性签名的注意事项

在打造自己个性签名的时候,一定要注意以下几个方面。

1. 个性签名里最好不要直接出现商品信息

您的幸福生活设计师,保险让生活更美好!

这样的个性签名一看就知道是卖保险的,估计大多数人在添加的时候都会觉得对方的动机不纯,于是就会躲得远远的。

2. 不要把个性签名空着

有很多人为了展示自己所谓的"个性",会把个性签名空出来,但是这样空着很像一个没有诚意的"僵尸号"。

3. 不要有僵硬的广告

如果在个性签名中打硬广告,那么你的客户可能在添加好友的时候就会产生警惕心,或者干脆选择不添加。

总之,想要在微信朋友圈变现,你要就把自己的特点变得突出。30个字的个性签名虽然很短,但是如果你能利用好这30个字,那么它也会发挥巨大的作用,展示你独特的个性标签,从而让客户的目光迅速集中到你的身上。

4.4 用背景图传递更多信息

微信朋友圈形象展示除了微信头像、昵称、个性头像外,背景图也很重要。一张好的背景图可以凸显你的身份,也可以宣传你的价值。

举个例子,如果你是一家企业的负责人,假如你把微信朋友圈封面里原本的风景图换成一个写着"助力企业实现品牌营销"的背景图,会不会让人增强对你的身份认知?答案是肯定的。

所以,不能小看微信朋友圈背景图的作用,在很多情况下,它能够帮你向客户传递更多的信息。

4.4.1 背景图是微信朋友圈的"置顶广告位"

在微信朋友圈的界面,微信背景图是位于最上面的,也就是大家经常所说的"置顶"的位置。别人在未加你好友的时候,都能看到你的背景图,并且相比于头像,背景图有尺寸上的优势,可以放更大的图和更多的文字内容,所以,背景图更能充分地展示出你的个性、特色、商品等内容,有更大的广告位价值。

在这个"置顶广告位"中,你可以向潜在客户展示以下几个方面的内容:第一,你是做什么的,你能为客户带来什么;第二,你是个专业的人,你值得信赖;第三,你是个精致的人,有丰富的生活,懂得享受,能够传递积极向上的正能量。

只要你能用好微信朋友圈的"置顶广告位",将这些信息传递给客户,那么你离成功的目标又进了一步。

知道背景图广告位的重要性之后,接下来要做的就是去选择一张属于自己的背景图。

4.4.2 四种错误背景图

背景图是你个人微信朋友圈最上面的主图,因此不建议放没有意义或者没有美感的图片。或许有人会说,那我把头像放上去好了,这样的做法也是不可取的,重复头像只会浪费背景图这个"黄金广告位"。所以,选择背景图是极为关键的一步,其中也有许多要注意的地方。

先来看看错误的背景图都有哪些。

1. 网络图

网络上的图片虽然好看，你也许是因为喜欢才将它设为背景墙，但是这对于客户了解你又有什么用呢？

2. 大头自拍

无论你拥有怎样的容颜，把自己的大头照当作背景图的做法都不妥当。首先，如果背景图是你的自拍，那么它有可能和你头像有所重合。其次，大头自拍显得不够正经。你想想，如果有人打开你的微信朋友圈，看到一个硕大的头，会不会吓一跳？

3. 过时旅游照

旅游照是很多人采用的一种背景图。但每年的旅游照是不断更新的，你的外貌也在不断改变。比如以前你不会打扮，后来会打扮了，那么旅游照中的人物形象差别会很大。

4. 风景照

首先，风景照展示的只是风景，并没有展现你这个人。其次，假如你是专业的摄影师，那么用你拍的风景照自然没有问题，但如果你没有很好的摄影技巧，照出来的风景也不是很好看，因此，不要放风景图。

4.4.3　好的背景图应具备的四大要素

总之，你要记住一个原则：背景图是为了展现你自己独特的优势，是个加分项，不是减分项。

那么，到底应该如何打造一张好的背景图呢？在我看来，一张好的背景图至少应该具备以下四大要素。

1. 干净简洁

背景图的元素不宜过多。多元素的背景图会让客户感觉眼花缭乱，分不清到底哪个才是重点，所以，背景图一定要干净简洁，元素不宜超过三种，这样才能让客户觉得清爽。

2. 清晰可见

微信背景图的尺寸大概为 480×300 的像素，你选择的图片最好大于等于这个像素。如果小于这个像素，图片就会很模糊。

3. 有美感

想要在客户面前体现你的精致，你需要有"图不修不发"的意识。你可以利用各种修图软件调整图片的色彩和滤镜，让原本很普通的一张照片变得更有吸引力。

4. 文字内容要出彩

在拥有好图片的基础上，你还可以添加相应的文字内容，但文字内容一定要出彩，并且和图片的布局一致，这样才能更好地展示你自己的形象。

微信朋友圈背景图其实就是一个零成本、高曝光的"黄金广告位"，如果你能通过背景图向客户传递更多的信息，给客户在视觉认知上留下好印象，可能会对形象的提升有所帮助。

4.5 用微信朋友圈动态塑造"人设"

"人设"一词最早出现在娱乐圈,是一些明星为了快速吸粉所采用的一种方法,如"吃货人设""硬汉人设""2G 少年人设"等。明星靠着人设,集中放大自己的特点,给粉丝营造一个讨喜的形象,从而赢得了更多的关注度。

微信朋友圈动态其实也可以塑造这种"人设感"。可能你会问,为什么要打造微信朋友圈人设,做自己不好吗?如果你是一个普通人,塑不塑造"人设感"无所谓,但是利用微信朋友圈变现的人就不一样了。微信朋友圈营销是以人为中心的,客户必须要相信这个人,才可能有后面的成交,这也体现了微信朋友圈的法则:"成交的本质,不在于你的商品,而在于你这个人。"

一个人不容易被别人记住,但是一个人设容易被别人记住。一个优秀的微信朋友圈,其人设形象是非常鲜明的。一旦你拥有自己的微信朋友圈动态"人设",那么你的客户被快速圈粉的可能性会变大。

微信朋友圈动态里的"人设"其实有很多种,有的人经常发心灵鸡汤,那么他可能是个心思细腻的人;有的人常常分享自己生活中美好的事物,那么他可能是个享受生活的人;有的人常常分享知识,那么他可能是个知识渊博的人,类似的"人设"还有许多,在这里就不一一列举了。

这些"人设"都是长期微信朋友圈动态所表现的一种自我,但并不是所有"人设"都是有价值的,比如有些人经常在抱怨,那么他的"人设"就很负能量,对于这种人,人们往往会避而远之。因此,想要打造微信朋友圈动态里的"人设",就得知道哪些人设是正确的。

4.5.1 三种正确的"人设"

微信朋友圈动态里的正确"人设"主要有以下几种。

1. 努力向上型

这种类型的人设是最容易打造的,并且效果也非常好,如图4-4所示。

图4-4 努力向上型人设

这种努力向上型的人设通常会给他人带来积极向上的正能量，客户也会乐意与这种类型的人接近。

2. 专业品牌型

专业品牌型的人设，如图 4-5 所示。

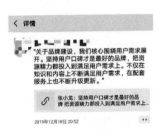

图 4-5　专业品牌型人设

这种专注打造品牌建设的卖家，会给客户一种专业的印象，更容易获得客户的信任。

3. 诚信经营型

诚信经营型的人设如图 4-6 所示。

图 4-6　诚信经营型人设

诚信经营的商家往往都有一个很好的口碑，这种"诚信人设"也会给商家带来源源不断的客户。

以上三种正确"人设"有一个共同点：让客户知道你是一个正能量、专业、诚信的卖家，对你产生好感，也让客户产生了一种晕轮效应，不自觉地在内心偏向你。

4.5.2 塑造"人设"的途径：规范输出内容

微信朋友圈动态里的"人设"，并不是随随便便发几条动态就可以塑造的，必须要有正确的规划、内容和节奏，也就是要规范地输出你所要表达的内容。具体做法主要分为以下几点。

1. 进行内容定位

你要明确自己的营销目的，确定要发布的内容，例如符合自身定位的商品资讯、励志文章、相关知识等。除了发布自身专业的内容，还可以发布与专业相关的内容，这样可以避免内容过于单调，例如可以借助相关热点和节日来充实自己所发布的内容。

2. 确定内容展现形式

微信朋友圈动态展现的形式有很多种，包括图片、文字、视频、链接、小程序等，你可以根据所要发布的内容来挑选最佳的展现形式。比如，你的内容比较多，就可以采用微信公众号链接的形式呈现，这样既能把信息传达出去，也不会显得杂乱无章。

3. 确定内容发布的时间与频率

在合适的时间发布微信朋友圈动态内容，才能在有效时间段获得客户的关注，避免被其他信息"挤下"页面。这里给大家列举了几个合适的时间段和相应的发布内容,如图 4-7 所示。

图 4-7　内容发布的时间段

(1) 7:00 ~ 9:00

"一天之计在于晨。"这个时候人们通常希望获得一些正能量的话语来激励斗志,因此,你可以在这个时间段发送励志类的文案或者新鲜资讯。

(2) 12:00 ~ 14:00

中午大家都会有一段休息的时间,许多客户喜欢在这个时间刷刷微信朋友圈动态来充实自己,你可以发布一些价值类的信息,让客户正式了解你的商品内容。

(3) 18:00 ~ 20:00

这个时间段通常人们都下班回家了,因此,你可以发送一些轻松的话题,让客户在休闲之余感到一丝惬意。

(4) 21:00 ~ 23:00

在即将入睡的这个时间,人们通常会静下心来思考一天的得与失,那么你可以发送一些温情类的内容,让客户感同身受,从而起到鼓励客户的作用。

总而言之,只要你充分发挥自己的专长,人设定位明确,并且持之以恒地输出规定内容,那么微信朋友圈动态里的"人设王"一定非你莫属！不过"人设"输出要把握分寸，不能太过，最重要的还是你能够为客户带来什么价值，如果"人设感"太重，会有故意塑造"人设"的嫌疑，让客户觉得你很假。

微信朋友圈里的营销，其实就是你为自己代言的过程。客户在购买你的商品之前，虽然对商品的质量有一定的关注，但是他们最在乎的无非就是你是否值得信任的问题，事实上他们买的更多的是你的专业感。因此，你的微信朋友圈形象尤其重要，打造一个完美的微信朋友圈形象，你才能在众多竞争者中实现"突围"，从而赢得客户的信任。

第5章

输出高质量内容需具备的五项基本技能

在互联网时代,"内容为王"永不过时。在微信朋友圈里也是一样,没有高质量的内容,你拿什么去俘获人心?毋庸置疑,做好内容绝不是一件简单的事,只有经过多方面的技能培训,最终,你才能拥有输出高质量内容的能力。

5.1
P图：让图片开口说话

我有一个开餐馆的朋友，他的餐馆所处的地理位置不是很好，但是他的生意做得很好，收入十分可观。于是我问他："你的店这么不起眼，怎么会有那么多人来光顾啊？"他说："这你就不知道了，菜品的宣传是很重要的。为了展现菜品完美的一面，我请了专门的摄影团队为我的菜品进行拍摄。然后我在微信朋友圈发图片后，那些人看着图片就流口水，自然也就想到我的店里来品尝啦！"

听完他的话，我才意识到，在微信朋友圈里，图片是一个很好的宣传工具。它能够向客户直接展示精美的一面，是促进销售的一个关键步骤。所以，你在将图片放进微信朋友圈进行营销之前，应该对其进行简单的 P 图处理，这样，呈现出来的精致图片才能替你"开口说话"。

一说到 P 图，让人首先联想到的就是 Photoshop，简称 PS。但是在大多数情况下，运用 PS 进行微信朋友圈的图片处理会比较麻烦，因为 PS 主要是在电脑 PC 端进行的，你不可能随时都带着电脑来修图。并且 PS 的功能比较多，想要学会使用 PS，是要花时间去琢磨的。因此，不建议大家用 PS 作为微信朋友圈图片的处理软件。当然，如果你有专门的修图团队，那么用 PS 处理图片是一个最佳的选择。

第 5 章 技能培养
输出高质量内容需具备的五项基本技能

其实也有一些修图软件，它们不仅使用方便、操作简单，并且处理的图片效果也很好。如果你能够利用好这些软件，那么你的图片一定会很出彩！这其中，美图秀秀就是典型代表。下面以美图秀秀为例，为大家详细介绍修出高质量图片，"让图片开口说话"的具体方法。

5.1.1 基本调整

许多刚拍出来的图片并不完美，比如拍摄场景的光线不足常常会导致图片的亮度不够，这就需要调整亮度参数。

因此，在正式修图之前，要对图片进行基本的调整。

打开美图秀秀，可以看到以下界面，如图 5-1 所示。

图 5-1　美图秀秀界面

点开界面中的"美化图片"，你可以看到"编辑"和"调整"这两项内容，分别点开后呈现的界面如图 5-2 所示。

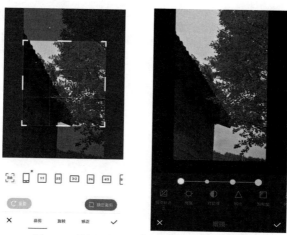

图 5-2 美图秀秀"编辑"和"调整"界面

可以看到,在"编辑"界面中,你可以对图片的尺寸、角度进行适当的调整。在"调整"界面中,你可以对图片的亮度、对比度、锐化、饱和度等参数进行调整,从而调出你满意的图片效果。如图 5-3 所示。

图 5-3 调整过后的图片

第 5 章 技能培养
输出高质量内容需具备的五项基本技能

这是调整过后的图片，相比原图变亮了，并且色彩对比明显，给人一种复古感，让整张图片对人产生了强烈的视觉冲击。

5.1.2 人像修图

图片里的人像也是很关键的部分，尤其是在展现个人形象的时候。适当的美化，可以让你的形象气质得到大大的提升。

打开美图秀秀中的"人像美容"，你可以看到以下界面，如图 5-4 所示。

图 5-4 美图秀秀"人像美容"界面

图 5-4 所展示的"人像美容"功能多种多样，有美妆、磨皮、美白、瘦脸、祛痘等。如果你想瘦脸，可以点击"瘦脸瘦身"选项，对照照片中的人像脸型进行修改；如果你想祛痘，可以点击"祛斑

81

祛痘"选项,将图片放大后进行调整。在人像修图过程中需要注意的是,不要修得太过,否则人像会失真,让人感觉很夸张。因此,适当对照片进行优化与调整,才能有最佳的效果,如图5-5所示。

图5-5　经过人像美容后的图片

可以看到,经过人像美容后,图片里的人整体气色有所提升,变得更漂亮,更吸引人。

5.1.3　添加滤镜

滤镜是一种让图片变得更加好看、更引人注目的快捷调整方式。之所以"快捷",是因为这些滤镜本身就带有固定的参数,你不需要亲自去调整图片的亮度、对比度等,只需要点击相应的滤镜,就能获得很好的视觉效果。

来看一下添加滤镜前后的对比图,如图5-6所示。

第 5 章 技能培养
输出高质量内容需具备的五项基本技能

图 5-6　添加滤镜前后的对比图

从上面的对比中不难看出，在视觉上，添加滤镜后的第二张图色调更加明亮，让整个环境的氛围显得更活泼，整张图片更有质感。

当然，在美图软件中，滤镜有很多种，你可以挑选自己喜欢的风格来对图片进行处理，如图 5-7 所示。

图 5-7　美图秀秀中可供选择的滤镜

5.1.4　添加商品素材

在做商品宣传图的时候，有时候需要添加一些文字在图片上，或者需要对应的文字标签，能够让客户更直观地了解商品。你可以将这些素材放到图片上，然后输入你想传递的信息内容，比如图 5-8 所示的会话气泡、水印。

图 5-8　美图秀秀会话气泡、水印

添加这些素材后，能让你的图片拥有个性风格，并且相应的文字标签可以帮你传达商品信息。

5.1.5　排列拼合图片

在图片过多的情况下，可以将图片进行组合。美图秀秀 APP 中，既有横向排列的模板，也有竖向排列的模板，你也可以选择自由拼图，展示最佳的图片效果，如图 5-9 所示。

图 5-9 拼图示范

如果你想展现的图片数量超过了限定的"九图",那么你就可以向上面这样,把多张图片拼成一张来解决你的困惑。

其实 P 图就像人们出门化妆一样,在别人面前展现自己最好的一面,也算是对客户的一种尊重。客户感受到你的"尊重"后,自然会对你的商品产生好感。所以,学会 P 图技能,打造高质量的微信朋友圈图片,让你的图片"开口说话",对营销有很大的帮助。

5.2

做海报:掌握设计要素,提升海报质量

旧时的"海报"起源于上海,主要是用于宣传戏剧、球赛、电影等娱乐活动,现在的海报已经发展成为一种视觉传达的表现形

式,多用于商品的宣传。在进行微信朋友圈变现的过程中,商品宣传也可以利用海报来进行。

一般情况下,海报的质量,间接决定了营销的水平,因此,做海报也很关键。海报的设计主要包括文案、图片、色彩,你可以通过掌握这些设计要素来打造属于自己的海报。

5.2.1 设计合适的海报文案

海报文案主要是向客户传达商品的信息。在设计海报文案的时候,要注意以下方面。

1. 文字要简洁精练

海报上的文案的长度不同于软文文案,毕竟海报的幅面有限,装不下那么多的文字,因此文字要足够简洁,体现出你的卖点即可。商品的卖点主要包含两点,一个是一级卖点,也就是你海报中最醒目的那句话;另一个是辅助卖点,即价格和对商品的描述。总之,文案字数不宜过多,你需要去繁就简,直接、简单、明了地传达信息。

2. 字体要有"针对性"

字体就是文案的风格样式,不同的字体给人的感觉不同,搭配不同的图片也有不同的效果,因此,海报文案的字体要有"针对性"。针对商品内容和客户类型进行搭配,才会产生"针对性"的效果。

假如,你所推出的是男性使用的商品,那么你所需要采用笔画粗的黑体类字体,或是有棱角的字体,比如方正中黑、微软雅黑等字体,这样的字体会给人一种硬朗、粗犷、大气的感觉,更加符合男性客户的审美。相反,如果面对的是女性客户,那么你就要选择纤细、秀美的字体，比如方正悦黑纤细长体、张海山锐线简体等字体，从而给女性客户带来一种柔软、飘逸、梦幻、清新的感觉。

3. 品牌名要显眼

海报的品牌名也是文案的重要组成部分，比如香奈儿、路易威登、阿迪达斯等都是品牌名，因此这些品牌方在做海报设计的时候，通常都会把品牌名放在海报比较显眼的位置，从而给客户留下深刻的印象。因此，你的海报文案里也可以放上自己的品牌名，这样既可以提升商品的品牌知名度，也可以防止他人侵权。

5.2.2 让图片更有"美感"

一张海报光有合适的文案还不够，还需要有与文案相融的图片。图片的"美感度"决定整张海报的"美感"，因此，海报图片的选择和摆放的位置就显得格外重要。

1. 图片的选择

你的海报图片直观地展现商品，所以要尽量选择美感较强的图片。如果商品图片不够美，你可以请专业摄影师来为商品拍摄图片。

2. 图片的位置摆放

然后就是图片的摆放问题了。合理地摆放图片，可以提升整张海报的视觉效果。在这里，主要有三种摆放方式：居左、居右和居中。

通常情况下，人们会有从左往右的阅读习惯，因此把商品图片放在左边，会第一时间吸引浏览者的注意力；居中的摆放方式给客户带来"核心感"，能够呈现明确、大气的主题效果；而居右的摆放方式是为了更好地展现文字内容，比如折扣性的文字内容放在图片的左边，就可以更好地展现商品的优惠力度。

5.2.3 注重文字和图片的整体色彩

好的海报设计在传递相关信息的同时，整体色彩也是至关重要的。卓越的色彩表现力能够吸引和感染读者，让读者产生相应的联想，比如暖黄色让人感觉温馨，绿色让人感觉清爽，蓝色让人感到理智。不同的颜色凸显不同的主题特征，给人不一样的情绪感受。

在进行海报色彩搭配的时候，需要注意以下几点。

1. 整体协调

海报的色彩主要分为图片色彩和文字色彩。这两部分的色彩要整体协调，不然会产生强烈的违和感，比如红配绿就会使整张海报显得很浮夸，因此，最好选择色彩饱和度相近的颜色，要么都是暖色系，要么就都是冷色系。

2. 色彩对比

在注重色彩协调的同时，还要利用色彩的对比来凸显文字主题，比如你的背景色是淡灰色，那么你的字体颜色就要选择纯黑，这样才能区分开来。不然，文字和图片颜色相同，就看不到字体的颜色了，也就失去了传递信息的作用。

做好微信朋友圈里的海报，是拉开与同类竞争对手距离的关键一招，如果你能把握好海报中的文案、图片以及色彩等设计要素，那么你的海报质量可能会有所提升。

5.3 拍摄小视频：教你做出卖断货的微信朋友圈小视频

与微信朋友圈的图片和文字相比，小视频更具动态优势。短短的10秒钟，可以让你的商品清晰直观地展现在客户面前。微信朋友圈小视频是微信自带的功能，因此你不需要购买软件来传播视频，利用官方版本发布视频，不用担心安全问题，省钱、省心还省事。

微信朋友圈的各类小视频有很多，那么如何才能让你自己的小视频脱颖而出呢？

5.3.1 选择合适的拍摄工具

要想拍摄出高质量的微信朋友圈小视频，选择合适的拍摄工具是基础。这就好比过河要借助船一样，没有技术设备这些"硬件"优势，再好的创意也无法完美呈现。

拍摄视频的工具有很多，目前主要有以下几种。

1. 手机

手机机身轻便、便于携带，并且操作简单、上手容易，所以用手机拍摄视频是大多数人的不二选择。首先，要选择高像素的手机，比如华为、OPPO、vivo 的手机像素都是很好的，其相机有很多专业的拍摄功能，你可以根据自己所在的场景来调节 ISO、快门等参数，从而实现高质量的拍摄。

2. 单反

单反相机的机身相对摄像机较轻，而拍摄出来的画面比手机更加专业、清晰。

3. 摄像机

摄像机的使用成本较高，而且机身较重，拍视频不太方便，但是比前两者都专业，而且靠在架子上，有防抖功能，能让画面更平稳。

4. 无人机

这种设备主要用于宽广画面的拍摄，它自身的大比例尺能够囊括整个画面，能够清晰展现丰富的场景。

如果你的微信朋友圈动态经常以小视频呈现，那么建议你尽可能地选用单反相机、摄像机等设备拍摄，从而保证视频的高质量画质。

以上这些工具是拍画面用的，你还可以使用一些辅助性的工具，比如麦克风、轨道车和三脚架。麦克风的作用是提高视频的音质，尤其是在环境嘈杂的情况下，麦克风就显得尤其重要。轨道车主要是拍摄外景或者动态视频，能够在移动中拍出大片的效果。三脚架主要为了防止镜头抖动，让画面更加稳定。

总之，你要根据自己的实际情况去选择拍摄工具，打造不一样的短视频。

5.3.2 巧用"构图法"

有了适合的拍摄工具后,为了避免你的视频平淡无奇,你可以巧用"构图法"来打造视频。"构图法"主要分为以下十点。

1. 中心构图

中心构图法是最简单也是最常用的一种方法,你只要将视频拍摄对象放在相机或者手机的中心就可以了,这样拍出来的图片左右平衡,能够很好地突出主题。

2. 光线构图

光线构图法其实就是运用光线来展示拍摄对象,突出光影效果,让拍摄的画面更具艺术感。你可以选择顺光、逆光、侧光和顶光这四类光线来展现你的画面。

3. 景深构图

景深构图往往是利用大光圈来实现的,呈现出来的图片画面通常都是从前到后一段距离是清晰的,而其他画面都是模糊的。镜头到焦点清晰的这段场景的距离就叫作"景深"。视频拍摄工具中都有这种景深的功能,它能够展现出一个很好的效果对比。

4. 前景构图

前景构图就是在拍摄主体前有选择性地放置一些事物,既可以把拍摄对象作为前景来拍摄,又可以把除拍摄对象以外的事物作为前景来拍摄。这种构图方式可以增强视频画面的层次感。

5. 三分线构图

顾名思义,三分线构图就是把图片划分为三部分,横向和纵向都可以，把拍摄对象放在三分线的某一位置上进行构图。其优势是在突出主体的同时可以让画面更美观。

6. 透视构图

透视构图法就是利用视频中的某一条线或几条线由近及远地展现画面立体感的一种方法。在拍摄的时候，你既可以利用单边的线条，也可以利用双边的线条来展现这种透视感。

7. 黄金分割构图

黄金比例是世界上最完美的比例，它的公式为：较长部分/全长＝较短部分/较长部分≈0.618。你可以通过对角线和某条垂直线的交点作为黄金分割点来构图，这样呈现出来的视频观感舒适、具有美感。

8. 九宫格构图

该构图法又被称为"井字形构图"，是黄金分割构图的简化版。在利用这种方式进行拍摄时，你可以把整个画面的布局分为九个相同的部分，其划分线条的交叉点就是拍摄对象的位置，这样拍出来的视频画面比较均衡、自然生动。

9. 圆形构图

圆形构图，主要是利用画面中出现的圆形来进行构图，能够呈现出一种旋转的视觉效果。特别是正圆形的构图，它给人一种规整的美感。

10. 仰拍构图

仰拍就是以仰视的角度来拍摄视频，这种方法呈现出来的画面往往会有一种纵深感，画面的空间效果展现得更好。

运用这十种构图法可以让你原本单调无味的视频画面变得更酷炫,更有吸引力!

5.3.3 重视后期剪辑

在摄像界有这样一句话:"没有浑然天成的拍摄,只有用心良苦的剪辑。"湖南卫视曾播放的综艺节目《爸爸去哪儿》就是以后期剪辑特效而出名的。经过后期剪辑后,原本平淡的视频变得更有趣味,比如恰如其分的特效音和背景音乐,能让观众体会到节目的乐趣。视频的后期剪辑是非常重要的过程。

对于微信朋友圈小视频而言,只需要做好以下两个方面的剪辑就可以。

1. 做好视频音效

在拍摄小视频的时候,视频杂音是经常碰到的事情。有时候由于背景音乐太大,听不见人声,有时候由于环境太过嘈杂,现场收音杂乱。这时候,你就可以借助后期剪辑来改善音质。

如果视频的原声杂音不是很大,你可以稍微加一点儿背景音乐盖住杂音,或者利用工具来弱化杂音。

如果视频的原音质很差,那么建议你重新录制画外音,也就是重新配音。你可以用会声会影视频处理软件把原本的声音消除,然后把后面录制的声音重新插入音轨,与视频对接。

2. 滤镜

在原视频画面效果不佳的情况下,你可以使用滤镜,使画面更出彩。在大大小小的视频剪辑软件中,视频滤镜有很多种。就拿"快剪辑"这款 APP 来说，如图 5-10 所示，它的视频滤镜就有很多，你可以根据自己的喜好来选择。

图 5-10　滤镜

需要注意的是，小视频数据大小要控制在 1 兆字节以内，这意味着你需要裁剪相应的画面。因此，小视频的内容一定要是精华，这样才能充分地发挥微信朋友圈小视频的"卖货"功效。

5.4
软文撰写：好软文价值千金

软文是微信朋友圈营销不可或缺的武器，它是一种强有力的宣传方式。不同于传统的硬广告，它的精妙之处就在于一个"软"字，能在无形中向客户传达营销意图，从而潜移默化地引导客户，让客户购买商品，商家也获得相应的收益。如果能写好这种"绵里藏针"的软文，就会使商品的价值倍增。这种好软文应该怎样撰写呢？

5.4.1 撰写好标题

标题就像文章的"窗户",客户通过这扇"窗户"能够窥探出整篇文章的内容,因此,想要一下子抓住客户的眼球,就必须要有好的标题。

在这里,给大家总结了一些好标题的写作方法。

1. 巧用口语

口语化的标题通常都比较接地气。轻松随意的语气能够拉近与客户之间的距离,比如:

亲爱的,听我聊聊厨房与爱
谁不眷恋一茶一饭的光辉——《下厨房》
行李箱再大,也装不下一个家
不怕你了解,就怕你不了解——《人民日报》

这些标题使用的语气和词汇都是大家平时经常随口说的内容,因此,在众多文案标题中显得格外亲切。

2. 巧用标点符号

标点符号通常会给平淡的标题制造一些情绪起伏的效果,比如:

开学了!开学了!真的吗?
告诉大家什么叫作:根!本!停!不!下!来!

结合我的经验，经常使用问号和感叹号来表达自己的情绪，可以给客户带来一种震惊的感受。这种"震惊体"的标题很容易带动客户的情绪，从而引导客户的行为。

3. 巧用"颠覆"

生活中那些约定俗成的道理有时候也经不住追问和分析，你可以随时对生活中的真理保持"警惕"，追问一句"为什么"，这样你的标题可能会引起那些深受真理影响客户的注意，比如：

长大以后麻烦会变少吗？会变多！
原来它还有这种功能！

这些颠覆逆反型的标题通常不按常理出牌，往往会比较新奇，很容易抓住客户的眼球。

5.4.2 打造好内容

拥有了一个好的软文标题，还需要好的软文内容。内容就像软文的"身体"，只有"身体"完整了，软文才能生动、活跃起来。因此，内容是撰写软文的一个关键环节。

打造好内容可以从以下几点入手。

1. 创造写作灵感

灵感是内容写作的"敲门砖"，一旦拥有写作灵感，写出来的软文肯定不会很差。那么，写作灵感从何处来呢？

首先，写软文就像盖房子，在盖房子之前，应该把盖房子的地基打好,这个地基就是写作素材积累。因此,想要写好软文,就应该系统地阅读相关的书籍,在阅读的过程中不断积累素材,并加入自己的思考,建立专属的素材清单。这样,才能在写软文时做到"信手拈来"。

其次,要有一双善于捕捉的眼睛。灵感来源于生活,要注意捕捉工作和生活中的一些感人细节并用文字生动地表达出来。这么做的目的是引发客户的情感共鸣。

有了写作灵感,才能写出打动人心的软文,才能引导客户消费。

2. 做好内容布局

软文的内容布局是撰写软文的一大关键环节。就像下围棋一样,心中一定要有自己的布局,才能掌控全局,战胜对方。

软文的内容布局主要有以下几个模式。

(1)痛点式布局

所谓"痛点式布局",就是把客户的痛点放在软文的开头部分,这样能够唤起客户的痛点需求,从而引出后面的解决方案,接着抛出自己的商品,完成软文的转化。

(2)并列式布局

并列式布局是指将软文的所有内容并列分为两个部分,这两个部分平行又独立,但都为中心论点服务。

(3)悬念式布局

这种布局是把疑团放在文章的最前端,不告诉读者答案,让读者产生好奇心,使读者迫切地想要往下阅读,随着正文的层层递进,答案慢慢浮现在读者的眼前。

(4)推理式布局

推理式布局的软文内容需要严密的逻辑性,内容的层层铺排、步步递进，能让读者更加深入地了解商品，从而慢慢接受作者传达的理念，开始相应的行动。

不同的模式适应不同的商品，比如缺乏创新的商品就可以运用痛点式和悬念式的布局，以此来勾起客户的兴趣。而存在普遍动机的商品就可以选择并列式、推理式等理性的内容布局来说服客户。

3. 提炼软文金句

软文金句往往起到"画龙点睛"的作用，就算客户看完软文后记不住所有的内容，但是这个金句可能会镌刻在他的脑海中。想要提炼好的软文金句，充分运用修辞手法是很好的选择。

（1）比喻

"世界上最重要的一部车，是爸爸的肩膀"——中华汽车

把"车"比喻成"爸爸的肩膀"，给人一种安全感，体现了中华汽车的安全性。

（2）对比

"别人看历史，我们看未来"——《今周刊》

《今周刊》通过对比的方式，来展现自身的优势。

（3）双关

"没有联想，世界会怎么样？"——联想

一句话一语双关,既指联想这个品牌,也指人们的"联想思维"。

(4)顶真

"今年过节不收礼,收礼只收脑白金"——脑白金

顶真就是下一句的开头是上一句的结尾,这样客户读起软文来朗朗上口,软文会更加"洗脑"。

(5)拟人

"慈母心,豆腐心"——中华豆腐
"朝生活卖萌,它就朝你笑"——某地产广告

这种修辞看起来和比喻有点相似,但又不一样,主要是将一个事物"拟人化"了,从而让客户更有带入感。

撰写一篇好软文,其实并不难。只要你用心对待这件事,在标题和内容上下足功夫,相信你会赢得相关客户的关注,给你带来"价值千金"的效益。

无论是修图、做海报,还是拍小视频、写软文,都是属于微信朋友圈高质量内容的几大关键要素。除了拥有这些内容制作的技能,你还需要掌握输出这些内容的平台技能,那么,除了"微信朋友圈动态"这种常见的输出平台外,还有哪些平台工具可以使用呢?下面就给大家介绍微信朋友圈其他的高质量内容输出平台工具。

5.5 玩转工具：借助公众号和群聊为朋友圈变现赋能

在《三国演义》里，诸葛亮巧借东风，收获了一大批箭，最终赢得赤壁之战的胜利。这个故事告诉大家：懂得巧用工具的人，成功的概率会更大。

对于利用微信朋友圈进行营销的你也是一样。从本质上来说，微信朋友圈变现其实就是基于微信平台的变现，而微信除了具有朋友圈功能外，还有其他很多功能。巧妙地利用这些工具，能够对你的朋友圈变现起到重要的辅助作用。

这其中，最重要的两大工具就是微信公众号和微信群聊。在本节，我将为大家详细介绍这两大工具的具体操作方法，为你的微信朋友圈变现赋能。

5.5.1 微信公众号

微信公众号是微信朋友圈商品宣传的"最强辅助"，其内容形式不限篇幅，在微信公众号的图文模板当中，你可以对图片、文字、音频、视频整合，让内容更加丰富和完善。

要想玩转这个"最强辅助"，就需要对其运作流程有所了解。

第 5 章 技能培养
输出高质量内容需具备的五项基本技能

首先,要在网页上搜索微信公众号官网,点击注册账号按钮,按照具体步骤来填写相关信息,从而获得自己的微信公众号,如图 5-11 所示。

图 5-11 微信公众号平台界面

然后,在网页上打开秀米,在秀米上撰写你的内容。从下图中可以看出,秀米的功能很强大。你可以选择自己喜欢的模板来对图片和文字进行编辑,编辑完成后点击复制按钮,回到原来的微信公众号平台,按住"CTRL+V"快捷键进行粘贴,在秀米上所编辑的内容都能完整地呈现出来,如图 5-12 所示。

图 5-12 秀米操作界面

最后，在微信公众号平台上保存编辑，点击"预览"，将页面发送到手机上观看。如果有些内容需要修改，可以直接重新编辑相关内容，最终确认无误后可点击"群发"按钮，扫码发送，如图 5-13 所示。

图 5-13　微信公众号发送界面

5.5.2　微信群

微信朋友圈就是一个社交圈，简称"社圈"。在"社圈"里，你是"圈主"，这其实相当于微信群里的"群主"。因此，要想玩转微信"社圈"，你需要用好微信群这个"社圈"工具。

那么，怎样才能用好微信群这个"社圈"工具呢？

1. 学会设置"群公告"

当你设置完"群公告"后，系统会自动提醒所有用户观看这条信息，同时新入群的成员在入群的时候也能第一时间看见，因此，"群公告"是一个很好的重要信息展示位。其具体操作方法为：打开群聊，你可以看见下图中的箭头所指的部分，点进去之后，选择"群公告"，输入自己想要表达的内容即可，如图 5-14 所示。

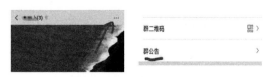

图 5-14　群公告的设置方法

2. 适当发送微信红包

在微信群里,最吸引人的消息莫过于微信红包了,在输出重要商品内容之前,你可以使用微信红包"炸出"微信群里的"潜水客户",然后再"抛"出你的商品,从而让更多的人看到你的高质量内容。

3. 合理利用表情商店

在互联网社交中,表情包是一个很好的沟通技巧,它可以准确地表达出你的内心感受,同时还可以在群聊里营造一种娱乐氛围,给客户带来愉快的感受,如图 5-15 所示。

图 5-15 微信表情商店

点开"表情商店",添加你所需要的表情。当群里处于尴尬而沉闷的氛围时,你可以发送这些表情包,来活跃群里的气氛,从而加深和其他成员的熟悉度,为输出高质量内容打下坚实的客户基础。

没有足够的技能知识，是做不出高质量的商品内容的。如果你还是个微信朋友圈营销"小白"，那么你可以借鉴上述的方法来培养自己的相关技能，从而为输出高质量微信朋友圈内容打下坚实的基础。

第6章

帮你打造"卖断货"的微信朋友圈品牌

"每一个高流量的微信朋友圈背后,都有一个好文案的支撑。"文案是微信朋友圈的点睛之笔。它的魅力在于,哪怕是再普通的微信朋友圈,经过文案的点缀之后,也同样可以大放异彩。

6.1 用好字、词、符，让文案新颖又有料

字、词、符是一句文案的基本三要素。字，是让客户对文案形成基础认知的要素；词，是让客户对文案产生画面感的要素；符，是让客户对文案产生兴趣的要素。写好一句新颖又有料的文案，该怎样用好这三要素呢？

6.1.1 微信朋友圈文案"用字法"

"字"是文案中最小的单元，别看它很小，其发挥的作用很强大。要想用好"字"，就需要从以下几个方面下功夫。

1. 突出关键字，提炼文案精华

关键字在文案中起"画龙点睛"的作用，能在第一时间吸引到客户，因此，用好关键字是成功打造卖货文案的前提。

来看一个羽绒服的案例：

暖得像爱人的拥抱，给你春风般的温暖。

在这个案例里,"暖"是关键词,突出了羽绒服"温暖"的特点。

创作文案可以以商品的性能、外观设计等为切入点,并用关键字将其表现出来,加深客户印象。假设是净水器,可以以突出"净"的特点,将其设为关键字;是沐浴露,则可以从"香氛""留香""清洁""保湿"等层面出发,寻找关键字。

在寻找关键字的过程中,切忌没有主题、堆砌辞藻,要提炼文案的精华部分,让客户一眼便能记住,从而激发其消费欲望。

2. 文字结构夸张化,形成视觉冲击

在我的微信朋友圈里,有一个开舞蹈培训班的老师。在她发过的微信朋友圈里,有一条令我印象深刻。那条就只有一个字:"舞"。这个"舞"字很大,文字结构很夸张,仔细看字里面还有一个人在跳舞。这种强烈的视觉冲击很好地向客户展示了她的工作领域,可以让客户有这方面的需求时会想到她。

3. 制造新字,打造悬疑感

在创作的文案中,想在汉字上下功夫,却找不到一个符合心意的字时,你会怎么做?

"无中生有"便是一个最基础、最简单的方法。你可以根据商品的特征、想要表达的意思,造出符合心意的新文字。它不仅能够表词达意,还能吸引客户的注意力,打破文案宣传的互动壁垒。

例如,在陕西关中地区,有一种名字独特的面,叫"Biángbiáng面"。这个biáng字就是一个合成词,目前电脑输入法里是没有的,一起来看看这个字是怎么写的,如图6-1所示。

图 6-1　biáng 字的写法

可以看到，这个字里面有很多元素，其中的"心"表示做面时的"用心"，这个字也成为这种特色面的品牌代表。

在进行文案创作时，可以以商品性能、外形、特征为造字的切入点，将关键字的各个部分组合，也可以选择单个字重新组合。在本质上，你造的新字属于象形字，观形而知其意。只要能够自圆其说，有新意，与商品贴合，便是成功造字的第一步。

4. 拆解文字，让文字说话

如果说造字法与象形字挂钩，那么解字法则与形声字相关。形声字的一部分是读音，另一部分表达意义。例如，"扶""撕""把"，左边部分以"用手"以表意义，右半部分是读音部分。

比如"召聘"，这条文案意味着：没有一双勤勉能干的手，企业不要！

微信朋友圈的卖货文案的本质也是如此，通过拆解文字，既让客户能够读懂，又让客户感知商品的精神内涵，激发客户的购买欲望。

假设商品是某一类美食，可以将文案标题中含有"口"的部分去掉，表现出"好吃到停不下来说话"的意思，从而凸显出商品的美味。

通过拆字法可以将商品的特征与优势表现出来，为客户构建一个更加直观而感性的使用场景，从而加深客户对商品与品牌的第一印象，提升客户的购买欲望。

5. 植入新符号，用符号说话

用符号代替汉字是微信朋友圈文案中常见的方法之一，也是商家模仿最多的文字创意之一。其中最脍炙人口的便是设计师格雷瑟为纽约设计的城市口号。其设计口号为"I love New York"，格雷瑟将其中的"love"替换为爱心符号，将纽约的英文单词缩写，营造出一种简单而又情感浓烈的视觉画面，如图6-2所示。

图6-2　纽约城市口号设计

设计师格雷瑟将这一设计免费推向大众，任何人都可以搬用。许多商家被这样的文字创意吸引。

和上面的方法一样，你可以用代表性的符号来替换商品，假设你的商品是口红，你的文案标题则可像下图一样设计，用红唇印替换"口红"二字。整个标题简洁而不简单，大方而俏皮，显现出女性的美，从而吸引女性客户的目光，如图6-3所示。

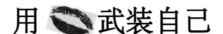

图6-3　口红文案创意

6.1.2　微信朋友圈文案"用词法"

用词法就是借助动词、形容词、名词等词语，增加微信朋友圈文案的画面感,引起客户的注意,提升效率。以下是用此法写微信朋友圈文案的具体方法。

1. 巧用动词

动词是比较常见的一种词性,通常会给人一种拟人感。假如你在微信朋友圈卖苹果,那么你就可以这样写:

这苹果,她好像"红"了脸

这里的"红"就是一个动词,展现了苹果"红"的特点。

在创作文案标题时,可以加入适当的动词来提升标题的魅力。但要注意把握分寸,坚守道德底线,否则会引起客户的反感。例如,某内衣品牌的文案为:

玩美,玩出你的美丽

就是这样的一个"玩"字,让人觉得这个文案过于低俗。后来迫于压力,商家不得不撤回文案。由此可知,使用动词创作文案,应该把握分寸,坚守"清、正、美"的原则。

不同商品的文案需要用不同的动词。动词用得好,你的商品就被赋予了生命,不仅让人印象深刻,还能带来好的宣传效果。相反,用得不好,不仅不能展现商品,还会让它的口碑一落千丈,给客户留下坏印象。

2. 巧用具象词

如果一个词能在人的脑中迅速形成视觉画面,就是具象词。相反,如果你无法通过这个名词联想到具体的画面,该词则是抽象词。

如果在文案创作中只使用抽象词,则无法让客户对商品形成具体而深刻的印象,无法吸引客户的注意。而自带画面感的具象词,可以让客户自主联想,从而达到吸引客户的目的。

首先,我们来看看只用了抽象名词构成的文案存在的问题。例如,某一水果商的文案为:

"水"好"果"才好

其中的"好"是抽象词。这个文案无法让人在脑海中构建一个具体的画面,只能对这家店的水果的"好"形成模糊的认知,但具体怎样个"好"法却不得而知。由此可见,由抽象词构成的微信朋友圈文案不仅让客户记不住,还会对该商品印象模糊,显然是一个败笔。在创作文案时,应该尽量避免使用抽象词。与抽象词相反,具象词不仅让诉求对象很快弄懂商品,更能提升他们的兴趣,从而促进成交。例如,把前面水果文案改成这样:

脆、香、甜,一口下去你会尝到美味哦!

通过"脆""香""甜"这三个具象词,在客户脑海中勾勒出吃水果后的感受,从而激发客户的食欲。

再例如,某房地产的文案标题为:

山雾、叶落、溪涧、飞鸟,应有尽有

这一文案通过四个具象名词的叠加，让客户自动在脑海中想象出该小区的风光，引起有买房需求的客户的注意。

在创作文案时，可以通过这种具象名词的叠加，提升画面感，增强魅力。

3. 巧用感官形容词

感官性形容词，就是能被客户五感感知的词语。例如，形容色彩的明暗、气味的香臭、质量的好坏等的词语。将感官形容词放入文案的标题之中，可以让客户与商品产生感官上的联系，从而达到吸引客户注意的目的。

例如，某牛排店新开业，推出的微信朋友圈广告文案为：

牛排色香味俱全，吃过的人都说好！

但这广告文案并未吸引到更多的客户。于是牛排店老板集思广益，将文案改为：

牛排滋滋作响，闻着阵阵肉香，看得直吞口水！

将文案修改后，牛排店的生意果然有了起色。修改后的文案不再是直接阐述牛排的色香味，而是通过煎牛排发出的"滋滋声"构建相关画面，唤醒客户脑海中对牛排香味的印象，再通过"直吞口水"，让客户瞬间感知牛排的美味，从心动变为行动，进店消费。

因此，在进行文案创作时，也可以通过一些感官形容词来凸显商品的特质，吸引客户。在选择感官形容词时，可以从商品看起来、闻起来、听起来、摸起来怎么样四个层面思考，找出能够在最大程度上激发客户五感感知与联想的词语。

6.1.3 微信朋友圈文案"标点符号法"

标点符号能够提升微信朋友圈文案的吸引力，其中最常见的文案符号是感叹号、问号、省略号三种，每一种标点符号对文案的作用又有所差异。下面将从文案的符号出发，探索文案的创作之路。

1. 感叹号，突出重点

感叹号一般表示震惊，在文案标题中使用感叹号能够起到加强预期、突出重点的作用。

在2017年到2018年间，UC的震惊体活跃在各个自媒体平台与网站上。一篇使用震惊体标题的文章可以在一晚上拿下500万的阅读量，在微信朋友圈中刷屏。观察央媒公众号，"注意""警惕""惊呆""可怕""震撼"等字眼不在少数。

在创作文案标题时，采用这些字眼来引起客户的关注，也不失为一个好方法。但现在客户已经对"震惊体"的字眼免疫，商家需要寻找一个新方法，那就是使用感叹号。

下面看一个卖水杯的文案例子：

用了这款水杯，不爱喝水的人也爱喝水

这是修改前的版本，读下来比较平淡，没有起伏，很难吸引客户的目光，更不用说实现变现了。

就是它!让不爱喝水的人爱上喝水!

修改后,通过加入感叹号,突出水杯的功效,让客户一下子生出好奇心,想探寻一下这款水杯究竟有什么魔力。

在创作文案时适当使用感叹号来强调客户某一个感兴趣的点,从而吸引客户的目光。

根据Venngage的统计,感叹号元素与标题点击率的相关度为79%。因此感叹号在文案中的作用较大。

使用感叹号为文案润色时,要注意文案的重点与本意,才能将感叹号的作用发挥到极致。否则,就很可能偏离主题,让客户对文案的理解产生歧义,从而降低客户对文案、对商品的信任。

2. 问号,引导客户探究

在文案中,问号也是比较常见的符号之一。问号意义的不同,对文案标题的作用也有所不同。

(1)自问自答式

自问自答式就是将客户想要的结果提炼,让客户直接看见你的商品的价值。大部分客户购买商品,都是因为你的商品有价值,而不是文案的精美。文案只是实现商品交易的"敲门砖",而并非决定要素。因此,在创作文案的时候要将商品的价值明确表达出来,方便客户从文案之中判断这款商品对自己是否有使用价值。

接下来,通过一个理财商品的文案来具体阐述自问自答式文案的创作方法。

上班族如何提高收入？用 × 理财

在这个标题中，"谁"就是指代"上班族"；"怎么做"就是"用 × 理财"；购买理财商品的客户能够得到的好处，即"提高收入"。通过这三部曲将客户既得的实际利益展现出来，吸引了客户的目光。

（2）设置悬念式

通过提问题的方式，设置悬念，既可以解释文章的重点内容，又可以引起读者的好奇心，吸引客户注意，例如：

如何避免在学习过程中的拖延？
为什么别人家的水果能卖这么好？
什么样的PPT才能吸引别人的目光？

在进行文案创作时，设置的悬念式问题一定要贴近客户痛点与需求。例如，为口红设置悬念，需要从口红的特质出发，如不沾杯、颜色漂亮等。只有抓住商品特质才能吸引有这方面需求的客户。

3. 逗号，变平凡为不平凡

不知从何时开始，苹果的发布会成为了文案创作者的狂欢夜。只要苹果文案一出，各个自媒体都跟风而上，并将苹果文案与"高端"等词联系起来。而在苹果的文案中，逗号发挥了重要作用。例如iPhone7的文案：

7，在此
两个镜头，一拍，即合

新款摄像头，就此亮相

如果没有逗号，"7在此"无法成为一句话，让客户一头雾水。"一拍，即合"如果没有逗号，就会变得毫无新意，加上逗号能够表现两个镜头配合的便捷性，还能在客户脑海中勾勒出拍照的场景。"新款摄像头，就此亮相"，如果没有逗号，甚至与新闻标题无异。

从苹果的文案可以看出，逗号可以提升文案的趣味性，避免文案死板严肃、可读性差，还可以在整体上提升文案的质感，增强文案的魅力，吸引客户的目光。

逗号的恰当使用，让原本平淡无奇的文案焕发出活力。当然，在文案中任何标点都切忌使用过多，如果为了使用符号而使用符号，则会适得其反。

4. 场景符号，引起客户共鸣

场景符号就是能够为客户构建场景的符号。这种符号能够触动客户的内心，引起客户的情感共鸣。

客户过去的人生经历与实践，会对现在与未来的自己想象一定的场景。当客户再次置身于相同的场景之中时，将会产生难以表述的情感，这就是场景符号的作用。根据这一作用，在进行文案创作时，可以通过场景符号构建能够激发客户情感的生活场景，从而作为引导客户，驱动消费行为的动力。例如：

谁没在寒风中等过那个路边摊？

在这一个文案中，我们可以明显地感知到一个场景：冬天下班

第 6 章 文案撰写
帮你打造"卖断货"的微信朋友圈品牌

后,夜风冷冽,在路边摊旁等待热乎乎的美食出锅。这样的生活场景,虽然简单,但能够让客户身临其境,勾起客户消费路边摊美食的欲望。类似这样的文案还有很多,如:

穿上它,你可以跨越整座高山
这家餐馆,居然有"妈妈的味道"!

根据这些例子,在用场景符号创作时,需要先在脑海中将场景勾勒出来,然后再去打磨字句。在符号的选择上一定要与商品相符,否则将会贻笑大方。

符号在精不在多,文案中的符号一定不能太多,也尽量避免一些花里胡哨的特殊符号。否则,很可能给人一种运动鞋配优雅风长裙的怪异感。

例如,口红可以设计约会场景、换装场景、偷用妈妈的化妆品等场景符号,但设计的符号如果与商品的特征、使用场景、相关故事关联度不大,将无法让客户产生情感共鸣。除了选择关联度大,还需要选择贴近生活的场景符号,使文案更具画面感与故事性。如果客户没有参加舞会的经历,那么采用舞会的场景符号,就无法将客户带入场景中。

字、词、符,看似是很小的元素,但是有大大的能量。文案如果不够新颖而有料,那么就在这三要素上下功夫,用好文案的字、词、符吧!

6.2 用场景化文案，引发客户情感共鸣

一个具体的使用场景，通常会让客户产生联想；客户有了联想，就很容易产生情感共鸣。因此，在微信朋友圈文案中构建微信朋友圈场景，用场景化的文案来引发客户情感共鸣，提升成功率。

前文提到了"场景符号"这一观点。"场景符号"是场景文案的组成部分，而除此以外，还可以通过以下两种方法来构架场景化文案。

6.2.1 构建微信朋友圈具体场景

构建具体的使用场景，能够让客户联想到自己使用这一商品的画面，能在极大程度上实现微信朋友圈变现。

例如，有一个葡萄甜酒品牌推出的文案如下：

来自意大利名庄，味道甘醇，采用螺旋塞设计，轻松拧开瓶盖，用根吸管便能品尝，大瓶750ml，小瓶375ml，随你心意。

你看了这个文案是否有些心动？对于大部分客户而言，起泡酒

第6章 文案撰写
帮你打造"卖断货"的微信朋友圈品牌

是可有可无的东西,因此不会去买。就算买了,也不知道在什么样的场景下喝,因为在他们可以联想到的使用场景中,都已经有了更好的产品的存在。

比如,下班回家,冰箱里有啤酒、牛奶、可乐、雪碧等饮料;朋友聚会,有江小白、红星二锅头等酒水;给朋友送礼,还有茅台、国窖1573、泸州老窖等中高端酒。最后的结果就是不买了。要让客户购买,就需要找到一个客户可以使用的场景,给客户购买的理由。可以将上述文案修改成:

看电影只能喝可乐吃爆米花?换点儿花样呗!两瓶小甜酒,在电影院里体验聚会的快乐。

这为客户提供了一个新的使用场景,通过文案让客户联想到"在电影院看电影,看到感人处,与朋友碰杯,喝两口甜酒"的场景,从而激发客户的购买欲望。

因此,在创作文案时,要构建具体的使用方法。因为客户看文案时,不会去绞尽脑汁地想这个商品的使用场景,而是直接判断这个商品是否适合自己使用。因此,创建具体使用场景,是打造场景化文案的必要方法。

需要注意的是,你在构建使用场景时,要选择一个与商品相符合的且不会被其他商品替代的场景。例如榨汁机这样表述:

想喝果汁?随时可榨,10秒即可得到一杯鲜榨果汁。

这个文案是通过构建了一个"想喝果汁"的场景,突出"快速榨果汁"的功能。虽然听起来很有用,但并不能打动客户。客户可能会在心里想:"家里有酸奶、雪碧等饮料,想喝鲜榨果汁也可以点外卖,没必要专门买一台榨汁机。"出于这样的想法,客户就不会购买。

如果不会在文案中构建灵活具体的场景怎么办?这里有一套场景联想法可供参考。

1. 比喻联想

在创作微信朋友圈文案时,可以用比喻的手法,让客户形成认知的参考对象,将客户不了解的商品替换成他们熟悉的事物,让客户更容易去理解你的文案。这类文案往往能够提升客户的带入感,让客户通过联想加深对商品的印象。

例如,某房地产商的文案:

房价不会跳水,只是在做俯卧撑。

将房价的上下波动比喻成"做俯卧撑",形象地表明了房价不会持续下跌,在下跌之后还会回升,从而吸引有刚需的客户在低价时期买房。

这种比喻联想是文案创作中最常用的方法。但你在使用这一方法时,需要选择客户熟悉的事物作为喻体,表述必须明确。如果选用抽象的、难以理解的事物做比喻,将起不到促进联想的作用。

2. 行动联想

行动联想就是通过文案迅速地抓住客户的痛点,让客户通过自身的联想,做出购买行动。例如,别克昂科拉的卖车文案:

第 6 章 文案撰写
帮你打造"卖断货"的微信朋友圈品牌

你有一颗比十万八千里还远的心,却坐在不足一平方米的椅子上,我知道你的心不大,只是装不下一次出发,去和自由一起私奔,年轻就去 SUV。

客户在看见这一文案之后,联想到自身的实际情况,生出买一辆车去旅行,为自己真正活一次的想法,从而购买。这一文案是通过激发客户内心的对自由与美好生活的向往之情,促进行动联想的发生。

再如,红星二锅头的文案:

用子弹放倒敌人,用二锅头放倒兄弟。

通过连续的的两个"放倒",让客户联想到兄弟聚会喝酒的场景,以及互相灌醉对方的情景,凸显兄弟情谊。这样的文案更能唤起客户的购买冲动。

创作文案可以通过抓住客户的某种内心情感,或者通过动词的使用,来激起客户的购买冲动,实现变现。

3. 生活联想

生活联想是比喻联想与行动联想的补充,与上文中的构建使用场景,激发联想有异曲同工之妙。只不过前者更注重使用场景的构建,而生活场景更注重生活细节的描述,让客户将商品与自身的生活联系到一起,从而提升客户对商品的接受程度,增加购买概率。

例如,某房地产的文案:

爱你可以不留余地，但家里最好不要太挤。

一句话，就能让你联想到"在狭窄的房间里，时常传来鸡毛蒜皮的小事的争吵"的画面，让客户想象自己买了小房子后的生活，并对这种生活产生抵触，从而激发买大房子的欲望。

这样的微信朋友圈文案还有许多，比如：

每个认真生活的人，都值得被认真对待……

他开了家深夜面馆，用地道的重庆辣子安慰下班的人，即使他们忘带现金

她教会姐妹们跳舞，又教会她们理财，她很高兴，55岁又做回自己

他花光勇气，贷款买了辆二手车

真正喜欢你的人，24小时都有空；想送你的人，东南西北都顺路

4. 歧义联想

在文案中适当使用歧义的表达方式，可以激发客户的联想，并加深客户的对商品的印象。例如宝马MINI的文案：

别说你爬过的山，只有早高峰。

将"山峰"理解为"早高峰"，唤醒客户早上上班堵车、焦急

不已的记忆,激发他们对这件事件的联想,从而让客户产生这样的想法:该买车了!

6.2.2 挖掘目标客户的"人性"

场景化文案的最终目的是引发客户情感共鸣。如果想引发情感共鸣,就必须挖掘目标客户的"人性"。

比如士力架的"饿了吧"、支付宝的"十年回忆",以及麦当劳的"更多欢乐,更多选择",这些都是把商品与"人性"相连接,带动客户对场景的感知。

"人性"有很多种,正面的有善良、尊重、同情心等;负面的有喜新厌旧、占便宜、从众心等。在场景化文案中,最好利用客户正面的"人性"去构建场景,这样带来的文案场景效果也是持久的。

假如你是做火锅生意的,想在微信朋友圈招揽更多的客户,那么你就可以这样写你的文案:

在寒冷的冬天里,你是否已经很久没有和家人涮火锅了?来×××火锅店,给你一个难忘的家庭火锅聚会!

这样的文案很容易勾起客户的"亲情人性",让客户联想到和家人一起其乐融融涮火锅的场景,于是会想带着家人去涮火锅。

场景化文案的场景通常都比较生动,很容易在客户脑海中形成具体的画面感,让客户联想到与自己相关的画面,从而引发情感共鸣,提升客户对你微信朋友圈商品的认同感。

6.3 诱惑+承诺，让文案变得更具吸引力

"吸引力"是一个心理学术语，当人们对某个东西有相当的兴趣时，这个东西就会对人们形成吸引力，从而引导着人们沿着一定的方向前进。在文案写作中，你也可以用"吸引力"，来吸引客户。

对于微信朋友圈的商品营销而言，吸引力来源于商家的诱惑与承诺，如果你能在文案中做到这两点，那么你的成功率可能会大大提升。

那么，在微信朋友圈文案中，如何做"诱惑"和"承诺"呢？下面就从这两个方面来分析。

6.3.1 如何提升文案诱惑力

想要文案具有诱惑力，就要先学会揣摩客户的心理。经过我多年的观察，很多客户在购买商品的时候，通常会抱有以下几种心态：第一，爱占小便宜，他们对于有赠品或者打折的商品都会心动；第二，拥有好奇心，对于新鲜事物他们都很好奇，于是干脆把商品买回来，以满足自己的好奇心；第三，渴望精神需求，如果一件商品能够填补他精神世界的空虚，那么会和你达成交易。

第6章 文案撰写
帮你打造"卖断货"的微信朋友圈品牌

因此，可以利用以上几种客户心理去提升文案的诱惑力，具体方法如下。

1. 吸引爱占便宜的客户有以下四种方法

（1）送赠品

送赠品的方式看似很老套，但实际上，用这种方式来吸引客户，屡试不爽。因此，在文案中，可以加一些"赠品"的文字内容，以这种形式向客户提供优惠。

例如：

×××苹果，又大又香又甜

加上"赠品"内容后，变为：

×××苹果，又大又香又甜，买一件送一件！

客户看到这条文案时一般会想：这苹果买一件送一件啊，那我岂不是用一件的钱买了两件的苹果吗？这也太划算了吧！于是就很可能会去购买。

（2）多强调物有所值

在文案中，可以用文字强调物有所值，比如：

×××汽车已到最低优惠价，款式新颖又大气，买下它你就赚了！

2. 吸引拥有好奇心的客户有以下三种方法

（1）用新奇的表达方式来吸引客户

人们总是对少见的信息感兴趣，倘若文案表达方式是他从未见过的，那么他可能会有兴趣去浏览你发布的文案。比如别人都在一本正经地推送广告内容，而你却在讲一个故事，那么客户的目光就会不自觉地转移到你的身上。

（2）适度隐瞒信息来勾起客户的好奇心

有时候故意向客户隐瞒一些信息，反而能够引起客户要了解的欲望，因此主动和你交流沟通，无形中会给你带来更多的销售机会。比如，在文案中，可以适当加这样的话进去：

只要您购买商品，成为我们的VIP客户，那么我们以后的相关优惠政策会向您无条件公开哦！

（3）不断为客户提供新奇的内容

新奇的内容会让人们感到有趣而兴奋，没有一位拥有好奇心的客户会愿意被隔绝在接收范围之外。经常在文案中分享新商品的信息引起客户好奇心，比如：

最新养生知识

让你摆脱拖延症的窍门

3. 吸引渴望精神需求的客户只有一种方法，那就是，你的文案要走心

走心的文案并不是简单两句煽情的话就可以实现的，也不是几个排比句的堆砌能够媲美的。需要很强的洞察力去发现客户心底的秘密,从而触碰到他内心的"点",才能引发强烈的共鸣。

站在客户的角度进行思考,理解客户内心的感受。有的客户会有些自卑,有的客户会害怕孤独等,那么就可以从这几点入手,进行文案的打造。

6.3.2 这样写,你的"承诺"才会让人信服

在经济学里,有一个名词叫作"信息不对称",意思是:交易双方中的卖方知道商品质量如何,但买方却不知道,即在信息不对称的市场中,客户是无法直接对商品质量作出正确的判断的,因此他们可能对商品质量产生怀疑。那么此时就需要在微信朋友圈文案中提供承诺性的文字内容,让客户信服。

怎样写承诺才能让客户信服呢?需要注意以下两点。

1. 承诺要具体

对客户做承诺,不是简单的形式主义,走过场的承诺会让客户觉得你的承诺没有诚意,甚至是敷衍,比如有的商家这样写:

只要您买了我们的商品,会有一份好礼物送给您。

这种"承诺"就没有把"礼物"的具体内容说出来,客户可能这样想:你不说清楚送什么礼物,我怎么知道礼物有多好呢?所以,商家既然已经决定给客户送礼物,那么就应该把"好礼物"具体说清楚,比如:

只要您买了我们的商品,那么您将会获得免费自由定制该商品

的权利哦！

把"好礼物"具体说清楚，这样做出的承诺会更加可信。

2. 承诺要可信

有时候许多商家为了获取客户的信任，经常会做出一些不切实际的承诺，比如有的商家承诺其所有的商品永远都能发挥它的效果。客户看到这种承诺，心里难免会怀疑，因为一个商家的商品有那么多，不可能保证所有的商品都是优等的质量，多多少少会存在一些次品，客户就会对你夸张的承诺产生抵触心理。

因此，做不到的事情就不要轻易承诺。承诺不能兑现，只会降低你在客户心中的地位和形象，不仅信誉扫地，非议和差评也在所难免。

"诱惑"和"承诺"是提升文案吸引力的两大技巧，运用好这两个技巧，你的文案的吸引力会上一个新台阶。

6.4
一个精准的表情符号，胜过十条好文案

2015 年，《牛津词典》评选了一个"年度热词"——😂。很多人感到诧异，为什么一个表情符号能够被全世界最权威的字典选中？随着 Web 2.0 技术的到来，表情符号正在全世界极速传播，越来越多的人将表情符号作为自己情绪的一种表达方式，因此，在许多微信朋友圈文案当中，我们会经常看见各种各样的表情符号。

在生活中，常用的表情符号就是"emoji"表情符号，其中"e"表示"图片"，"moji"表示"字母、字符"，合起来就表示为"图形文字"。

在互联网这个社会大圈中，越来越多的人患有社交恐惧症。在社交平台上，很多人不知道用怎样的语言文字去表达自己的意思，或者拿捏不好文字,让双方的交谈氛围变得很尴尬,这时候,"emoji"表情符号的出现就成为了社交恐惧症患者们的救星。

在微信朋友圈中，光秃秃的文字会让整个文案显得单调无趣，而且有时候单靠文字不能够充分地表达你的情绪状态，这时候，在文案当中，你就可以适当添加一些表情符号。

那么，不同的表情符号能表达什么样的情绪呢？在微信朋友圈中，你又该如何准确使用呢？

6.4.1 表情符号是一个很好的表达工具

我们先来看一个案例：

致力于传递快乐的可口可乐曾将所有的"emoji"表情符号都注册成了网址，并把这些网址当成可口可乐的户外宣传广告，比如："www.☺.ws"，"www.☻.ws"。关于为什么选择"emoji"表情符号作为商品的宣传文案中的要素，其负责人表示，"emoji"表情符号已经成为年轻一代客户的第二语言，如果将表情符号用到商品文案当中，可以很好地将可乐与客户连接在一起。

从这个案例中可以看出，在广告文案中，表情符号是一个很好的表达工具，它能够拉近商家与客户之间的距离。

具体来说，在"emoji"所有的表情符号中，有一些表示相同的意思，但有些却不止一层含义，接下来就从两方面给大家介绍表达情绪与含义的表情符号。

1. 同义表情符号

首先来看一下这几个表情符号：

这三个表情都传达了一种情绪状态：开心。但是这三个表情符号又有细微的差别。第一个表情是浅浅的月牙微笑，表达一种轻微的愉悦感；第二种表情符号是惊讶的张嘴大笑，表达的开心程度比前面一种更深一点；第三种表情符号在传达开心情绪的基础上，还表达了一种俏皮的情绪。

2. 多层含义的表情符号

多层含义的表情符号有很多，比如👋，这个表情既可以表示"你好"，也可以表示"再见"。再比如👌，既可以表示"好的"，也可以表示任务完成了。

上面列举的这些同义和具有多层含义的表情符号只是表情符号中的"冰山一角"，还有许多表情符号本书不一一列举了。你可以打开手机微信，选择"emoji"表情符号，来看看还有哪些表情符号，以及揣摩它们分别表示怎样的情绪含义。

6.4.2 朋友圈文案中表情符号的正确使用方法

心理学家保罗·艾克曼曾创作过一套"情绪大全"，里面包含

第6章 文案撰写
帮你打造"卖断货"的微信朋友圈品牌

了一万种面部表情。迄今为止,这套"情绪大全"还在被多数人广泛使用。这套"情绪大全"里有一套标准的"微表情"单位。他发现,这些"微表情"单位能够隐晦地表达人们厌恶、害怕、生气、蔑视、悲伤、惊讶的基本情绪。

"emoji"表情符号其实就是"微表情"单位,不同的"emoji"表情符号能够表达不同的意义,每个表情符号都是概念隐喻的视觉表现形式。因此,在微信朋友圈文案中,正确使用表情符号能够将你的情绪状态准确地传达给客户,从而在一定程度上提升你的微信朋友圈文案的转化率。

我们来看一个使用表情符号的案例:

今天一位宝妈用了我的商品,在她的反馈中,给我提出了很多改进建议👍,对我而言十分有价值,希望大家多多给我反馈,这样我才能给大家带来更好的服务☺。

这条文案里使用了点赞和微笑的表情符号,点赞的表情符号表示对客户提建议的行为作出赞赏,后面微笑的表情表示自己友好的服务态度,希望自己能够与客户进行更多的互动和交流。这种文案能够让客户感受到你是在用心来做生意的。他们会认为,你不是一味地输出商品信息内容,而是不断地吸收客户的建议慢慢改进,能够感觉到你良好的服务态度。

那么,在微信朋友圈文案中,又该如何去正确使用表情符号呢?

1. 选择礼貌亲切的表情符号

在微信朋友圈里,你面对的人群是你的客户,因此,你应该采用一些礼貌性的表情符号，比如微笑、开心、欢迎、撒花、喝彩、鞠躬等含义的表情符号，以一种低姿态和积极的情绪来传达自己的信息，这样，客户才能感受得到你的热情，才会愿意在你这里购买商品。试想文案中如果有表达白眼、流泪、鄙视、轻蔑等含义的表情符号，客户肯定会觉得你是一个不尊重别人的人，对你所发的内容也会产生一些抵触情绪。

2. 切忌不要使用太多

表情符号就像文案中的"润滑剂"，只需要一点点就可以让整个文案变得更加生动活泼，如果使用过多，会显得喧宾夺主，同时杂乱的文案排版也会令客户感到不适。因此，在使用表情符号的时候，切忌"滥用"，要精准使用每一个表情符号，这样才能让你的微信朋友圈文案更加出彩。

总而言之，微信朋友圈里的文案，不需要像新闻或者广告文案那样只有文字，在适当的时候可以来一点儿"装饰品"——表情符号，这样既可以生动地表达你自己的情绪，也可以让你的文案变得更有青春活力。

6.5
80%的生活话题+20%的商品广告

微信朋友圈亦是生活圈，只有拥有真实生活化的微信朋友圈，才会赢得更多信任。

第6章 文案撰写
帮你打造"卖断货"的微信朋友圈品牌

现实生活中就有把微信朋友圈打造成生活圈并取得巨大成功的人,比如"柚子妹"。"柚子妹"出生于广东梅州的一个小山村,大专学历,没有其他特长,和大部分人相比,她的起点很低。最开始她在深圳找了一份资料收集员的工作,月薪四千,是一名典型的"月光族",后来她觉得这样生活不行,于是不顾家里人的反对毅然辞职,闯进了新媒体行业。

刚开始她很努力做自己的公众号,顺便玩起了微信朋友圈,结果没想到公众号"黄"了,微信朋友圈却"火"了。通过自己生活化的微信朋友圈,"柚子妹"在三天里帮自己的大姨卖出了1.1万斤的柚子,净赚4万多。慢慢地,"柚子妹"通过自己的摸索,形成了自己的微信朋友圈套路:用80%的生活话题和20%的商品广告来打动客户。

所以,我接下来要介绍的文案方法,就是"柚子妹"的微信朋友圈套路。那么,这种"80%的生活话题+20%的商品广告"的方法具体该怎么操作呢?

6.5.1 80%的生活话题

在微信朋友圈做生意,如果你能把微信朋友圈和生活圈打通,让微信朋友圈具有生活气息,而非充满冷冰冰的广告,那你就可以捂热微信好友的心。打造具有生活气息的微信朋友圈就必须要有足够的生活话题,那么,这80%的生活话题应该怎么去打造呢?

1. 四种生活类型的内容供你选择

可能对于很多人来说,在微信朋友圈发自己的生活内容,常常会泄露自己的隐私，于是不爱发微信朋友圈，但是你要想用微信朋友圈变现，那么你就必须做出牺牲，将自己的生活关联微信朋友圈，要变成一个爱发微信朋友圈的人。

也许你会说："我不知道发什么生活内容怎么办？"没关系，这里有四种生活类型的内容供你选择：

（1）日常打卡型

日常打卡的内容有很多种选择，比如你的单词打卡、健身打卡、好句打卡等，这些内容你都可以采用。比如"柚子妹"通常以柚子家族的晨读营来打卡：

柚子家族·晨读营Day34

（1）人生需要商业模式，弯路未必不是捷径；（2）早上的时间不会被人打扰，可以不看信息，给自己留出大段的时间，又或者是留白，每天都要有让自己独处的时间；（3）看书的过程，就是与自己对话的过程，只有自己的思维跟着铅字在跳动，所有的画面，可以自己勾勒，似乎回到高中抄抄写写单纯的日子；（4）人生每一段路都有意义，失败也好，走错路也好，都是为了让你与他人不同，最后都让你变成自己。

（2）生活琐事型

生活中的琐事天生就带有"生活气息"，因此，在微信朋友圈里发一些生活琐事，会更有"烟火气"，让客户更能感觉到你的真实。

比如，"柚子妹"会在微信朋友圈分享她所遇到的事情：

今晚煤老板F4合体，好久好久没有和她们见面了。这个正能量的圈子，带给我许多收获，我们一起上课，一起赚钱，一起变得越来越好！

对于生活琐事，除了及时提取自己的日常生活外，你还可以多在网上"冲浪"，在微博、知乎、头条上面积累你的生活文案素材，这样创作出来的生活文案内容才不会显得生硬和无趣。

（3）学习状态型

"好看的皮囊千篇一律，有趣的灵魂万里挑一。"一个人要是没有丰富的精神世界，也无法吸引到别人。因此，学习状态很重要，如果你是一个爱学习的人，那么你的客户就会对你产生好的印象，从心里认为你是一个积极向上的人，从而会主动与你接近。

为了塑造一个好的学习状态，你可以选择去图书馆学习打卡，可以分享线下课，还可以针对书里面的内容写一篇读后感。

（4）情感故事型

人的情感主要分为三大类：友情、爱情和亲情，你在微信朋友圈讲这些故事的时候要善于利用时间、地点、人物、事件的起因、经过、结果这六要素来塑造情感故事的画面感。有时候学会在讲述这些故事的时候微微示弱，让客户能够从你的故事中产生同理心，这样才能更好地打动客户的心。

比如，"柚子妹"会在微信朋友圈讲亲情故事：

爸爸是天，妈妈是地。在爸爸眼里"我是一个积极、乐观、向上的孩子"。父母给了我最好的爱的滋养。跟爸爸链接好，事业更容易有力量，有冲劲；跟妈妈链接好，人脉关系好，而且能存钱。

父母善良了一辈子，把我和弟弟培养得全面发展，他们是功臣。

我18岁开始接触传统文化。其实,最好的修行在生活中,最好的活菩萨是父母。

一直一来,父母给了我无条件的支持。我已经是父母的骄傲。幸福又幸运,金不换的家庭,我们互相守护。

"柚子妹"通过这个亲情故事唤起客户心中的情感,从而促使客户购买她跟父母有关的商品。

2. 生活话题的展现形式

微信朋友圈的文案,一般超过七行字就会被自动折叠,因此,要充分利用好这七行的空间,将主要内容精致展现。比如,采取三段式文案内容:

周末时间,你应该干些啥?

电影是一种艺术,观看电影能缓解你紧张的工作情绪,同时你也能从电影中领悟一些人生道理。

×××电影院周末促销活动开始了,原价×××的电影票已经降到×××元,快到电影院来享受你的周末生活吧!

第一段先给客户构建一个场景:"在周末,应该干些啥?"第二段则进行了思想升华,说明观看电影的重要性,第三段则是引出相关的解说,促使客户抢购。

总之,拥有一个好的生活话题展现形式,能让你的文案更加深入人心。

3. 有互动的生活话题才更"生活"

生活话题有"互动"才会更"生活",那么,怎么和客户进行互动呢?

（1）八卦提问

生活中人们对于娱乐八卦的关注度一般都很高,因此,可以用一些八卦式的提问来吸引客户的注意力,比如:

你知道"官宣"吗?

你听过周杰伦的歌吗?

八卦式的提问最好都是封闭式的,让客户只能回答是与否,这样才能更好地直接引出你的商品。

（2）自曝"隐私",吐槽自黑

有些隐私问题可以适当地曝出来,比如自己的体重、身高、自己做的一些糊涂事儿,这些内容往往会助力你和客户之间的互动,创造出一种亲近、幽默的氛围。

（3）福利放送

"舍不得孩子套不着狼",偶尔的福利放送能让客户在尝到甜头的同时增强客户的黏性。福利放送的方式主要包括发送红包、发送小礼品等方式。

（4）充分利用评论和点赞功能

微信朋友圈的评论和点赞是最基本的一种互动方式。

在评论的时候,要用心评论,最好在8个字左右。比如你想表达"真棒"时,可以说"谢谢你的美图分享,很喜欢";你想表达"榜样"时,可以说"看你的微信朋友圈总能收获能量";你想表达"羡慕"时,可以说"你的生活方式让我很羡慕呢"。总之,字数不能太短,要让别人感受到你的诚意。

同样地,点赞也需要用心,当客户发了微信朋友圈之后,最好不要立马点赞,因为这个时间段是点赞的高峰期,客户可能留意不到你的点赞,因此,你可以选择避开高峰期,过一段时间再给他点赞。

说完了这80%的生活话题,我们再一起来说说20%的商品广告。

6.5.2　20%的商品广告

微信朋友圈文案里的生活话题其实都是为了引出后面的商品交易,所以,当拥有80%的生活话题之后,还需要有20%的商品广告,不然微信朋友圈真的只是一个分享生活的场所了,完全失去了微信朋友圈营销的意义。

那么,这20%的商品广告如何写呢?

1. 卖点

为了满足客户的需要,商品需要有自己的卖点,提炼卖点广告的主要方法是:先确认推广商品的具体功能,然后描绘相应用户场景,最后预测使用后取得的效果。

有卖点的广告,才能够真正抓住客户的消费心理需求,从而促使消费行为的发生。

2. 结构

产品的广告文案要有一定的逻辑性,也就是需要有自身的结构,比如是"总—分—总",还是"总—分"结构,利用合理而有逻辑的方式将自己的核心卖点一点一点地展示给客户。

"你若盛开，蝴蝶自来；你若精彩，天自安排"，用好的生活内容来打造微信朋友圈文案，把"卖商品"换成"卖生活方式"，相信这样的微信朋友圈一定会吸引到更多的"蝴蝶"。

6.6 两大绝招，把借鉴得来的文案化为己有

写文案是要有一定的文字功底的。如果你的肚子里没什么墨水，不知道该从何处下笔，又该怎么办呢？别怕，这里有两大绝招专门针对你这种"江郎才尽"的困境，即便是你的肚子里没有墨水，也能打造出火爆的微信朋友圈文案。那么，应该怎样做呢？

6.6.1 第一招：从借鉴开始

当缺乏创作灵感。或者刚刚起步时，可以从其他渠道借鉴，作为自己微信朋友圈的文案。借鉴的渠道有很多，比如你的微信朋友圈、微博、抖音、影视、头条、网站等，这些都可以作为你文案的来源地。

下面介绍几种常用的借鉴渠道：

1. 微信朋友圈渠道

微信朋友圈文案上限很高，但下限也很低，这其中不乏有许多能够惊艳众人的内容。你可以找出最火爆的文案，借鉴它们的写法，

制成自己的文案。在文案界,有人不断在微信朋友圈中积累素材,积累创意源泉。

在借鉴的时候,注意要选择一些有亮点的文案,然后将其修改,打造成自己的、具有亮点的文案,吸引客户来看。

2. 名人渠道

所谓名人渠道就是在社交APP里关注名人。微博、抖音里都有不少的名人入驻,可以直接从他们的个人账号中搬运文案内容。例如,韩寒就注册了微博账号,并且常常在微博上发布一些文案内容:

真正的腔调,别人给不了,你也买不到。

哪有什么风光,只希望可以少一点沧桑。

像这些文艺类的文案,你就可以借鉴到平时的文案当中。

3. 网站渠道

除了国内的网站渠道,国外的网站渠道也可以借鉴,比如国内的有哔哩哔哩弹幕网、今日头条、斗鱼直播等;国外的有Instagram、Facebook等。

在借鉴这些网站的文案时,一定要选择那些"病毒型"的文案内容。因为"病毒型"文案的传播性特别强,可以如病毒一样迅速扩散开来,只要一个人"感染",就会快速"传染"给下一个人,经过不断传播,最终的影响力会越来越大。

4. 影视渠道

热播的电影与电视剧总能引起客户的关注与点评,将剧中火的笑话、让人记忆深刻的剧情等内容，与文案融合，从而打造出引人瞩目的文案。

假设卖的是化妆品，在《哪吒之魔童降世》热播期间，你可以拍摄哪吒的仿妆视频，并在视频中推出相应的化妆品，促进卖货。微信朋友圈文案可以这样写：

我是一个小妖怪，逍遥又自在
10秒教你哪吒速成法

直接使用电影中的台词，吸引用户前来观看微信朋友圈短视频，加深客户对商品的印象。

每出现一部票房火热的电影或收视率高的电视剧时，都会引起客户的关注与评论，你可以将这些电影、电视剧与自身的商品结合在一起，从而带来流量。

5. 音乐渠道

好的音乐不仅曲子好听，其歌词也很好，可以直接用到文案当中。

假设卖青花瓷，那么文案就可以套用周杰伦《青花瓷》里面的歌词：

素胚勾勒出青花笔锋浓转淡，瓶身描绘的牡丹一如你初妆

这样的文案就很吸引客户，并且十分有文采。

除了音乐里面的歌词，歌曲里面的评论有时候也很精辟。比如

网易云音乐评论里常常会有很经典的文案评论：

认识你越久，越觉得你是我人生行路中一处清新的水泽，几次想忘于世，总在山穷水尽处又悄然相见，算来即是一种不舍，我知道我无法成为你的伴侣，与你同行，上帝不会将我的手放置于你的手中。只是我依然倾慕你，你是我生命忠贞不二的守信。

像这种抒情式的文案内容，可以用作商品的宣传词，比如卖咖啡伴侣时，可以将上面这段文字改成如下内容：

认识你越久，越觉得你是我人生行路中一处清新的水泽，作为伴侣，你一直与我同行，给我带来独特又有魅力的口味，是我生命中忠贞不二的守信。

把咖啡伴侣作为情感抒发对象，能让客户感受到咖啡伴侣的重要性，从而也产生出一种独特的情愫。

6.6.2 第二招：进行模仿与融合

有时候直接使用原文，其内容会与你的商品不搭，或者会很生硬。因此，在进行文案模仿和融合的时候，可以采取以下方法。

1. 学习别人的思路和表达方式

有时候别人的文案内容，会和你的商品完全不搭，但是你可以学习别人的文案思路和表达方式，比如特仑苏的文案广告为：

不是所有牛奶都叫特仑苏

改为苹果文案就可以写为：

不是所有苹果都叫×××

这就是模仿了特仑苏文案的语序表达思路，将原本的牛奶广告巧妙地转化为苹果广告。

2. 取其精华，去其糟粕

文案融合其实就是一个"求精"的过程。对那些需要的内容，可以单独提出来，然后糅合到文案当中。比如：

众里寻他千百度，蓦然回首，那人却在灯火阑珊处。

将其改为冰箱的文案，可以写成：

众里寻他千百度，想要几度要几度。

这样一融合，整个文案就显得创意十足。

榜样的力量是无穷的，你可以踩在巨人的肩膀上进行文案创作，通过借鉴和模仿与融合这两大方法，把别人的文案化为己有，从而得出你的创意方案。但要有版权意识，切忌生搬硬套式"抄袭"，避免不必要的版权纠纷。

6.7
挖掘卖点：展现商品最好的一面

有些文案之所以失败，一个很大的原因就是：文案里没有突显商品的卖点。也就是说，如果只会描述商品的特色，默认顾客了解商品的好处，那么文案"杀伤力"就会非常有限。如果用顾客看得懂的语言，把商品的特色翻译成商品的卖点，那么，顾客自然而然地就会知道这些商品或服务能够为他们具体带来什么好处了，他们也就有了购买的理由。

因此，在微信朋友圈众多的销售人员里，销售"菜鸟"只会从手边能得到的资料和数字中写出商品的特色，而经验丰富的"老鸟"明白如何将这些特色转变为顾客能得到的益处。

要想成为微信朋友圈的"销售高手"，就要向经验丰富的"老鸟"学习。在文案中，要学会挖掘商品的卖点，展现商品最好的一面。

我们先来了解一下多卖点的文案通常具有哪些特性，然后再来学习如何用文案挖掘商品卖点的方法。

6.7.1 多卖点文案的五个特性

多卖点的文案能够充分展现出商品的最佳优势。这种文案通常具有以下特性。

1. 市场占有性强

多卖点文案的商品的市场饱和度通常都不是很强。这时，与其相关的文案总能以最佳的时机切入市场，收获一大批忠实粉丝的关注。

2. 价格具有"大众性"

文案要想有卖点，其价格必须能够让大众接受，不然再好的商品客户也不会有人买。

3. 售后模式简洁

在购买商品的时候，一大批客户会从商品的售后服务来考虑是否购买。客户一般对复杂的售后服务文案都会比较反感，他们会认为这种售后模式会浪费很多时间和人力，很麻烦，于是会对其避而远之。因此，那些多卖点文案的售后模式都是比较简洁的。

4. 话题性强

有卖点的商品文案一般都会寻找源源不断的新话题，曝光度很强，因此客户对于这类文案也会有极深的印象。

5. 人设感强

很多有卖点的商品文案背后，其商家的个人品牌都打造得十分明显。因为文案所要销售的商品有相关人设与之匹配，让客户对其拥有很深且很好的印象，从而给商品文案的卖点"锦上添花"。

了解多卖点商品的特性后，你通过微信朋友圈文案类挖掘商品的卖点就会变得容易多了。下面就为大家具体分析用微信朋友圈文案挖掘商品卖点的方法。

6.7.2 如何用微信朋友圈文案挖掘卖点

用文案挖掘商品卖点的核心是：找到说服客户的一个理由。俗话说"强扭的瓜不甜"。想要真正地打动客户的心，不能直接写出商品的卖点，而是要婉转地写出卖点的延伸场景，这样才能在潜移默化中说服客户。

在写卖点延伸场景的时候，得从了解商品开始。先搜索商品相关资料来了解商品背后的品牌故事，也可以下单购买商品进行亲自体验，研究商品的细节素材，拟写延伸文案。其次，要定位自己的客户。只有找准自己的客户，才能更好地提炼商品的卖点。本书建议从下面这四个方面来具体提炼卖点。

1. 价格

在写价格的时候，你要在文案中向客户传达这样一种信息：在同等价格的同类商品中，你的质量最好；在同等质量的同类商品中，你的价格最合理。这样才能促使客户在众多商品中选择你的商品。

比如起泡酒的文案就可以这么写：

冬天到了，天气寒冷。虽然没有你陪，但至少我要有×××起泡酒，不到一张电影票的花费，就能从难过喝到开心，值！

将商品的价格定义为"不到一张电影票的花费"，能让客户觉得价格很便宜，从而在接受商品价格的基础上做出购买行为。

2. 质量

在微信朋友圈文案里，应该最大化地赞美商品的质量，做到明显超过竞争对手。比如，对于起泡酒的文案，可以这么写：

×××团队走遍了半个中国，亲临十五个著名酒厂，才找到×××起泡酒的诞生地，不管是酿酒的质量还是技术，×××作为国内浓香型起泡酒的产地之一，杠杠的！

这个文案就充分展现了×××起泡酒的质量，让客户感受到该商品质量的与众不同之处。

3. 稀缺性

"物以稀为贵"，黄金和钻石虽然价格很高，但还是人们一直以来所向往的物品，这源于它们的稀缺性。因此在文案中强调商品的稀缺性很重要。

展现起泡酒的稀缺性时可以这样写：

五瓶装的×××起泡酒礼盒装，春节特制版，除夕之前，每天限量发售十五组，有了×××起泡酒，再也不怕七大姑八大姨催婚催嫁了。稳住，我们能赢！

用具体的数字来展现起泡酒礼盒装的稀缺性，从而激发客户的购买欲望。

4. 售后

商品的售后服务其实就是商品的附加值。你要让客户感觉购买你的商品还有额外的福利。比如在写起泡酒文案时，可以这样写商品的售后：

如您收到×××起泡酒后，出现破损或漏气的情况，可以直接在微信上跟我们反映哦，我们会尽快为您备货，用最快的快递渠道，为您快速补发。

这个文案中，起泡酒的售后服务是很具体的，而且售后流程也很简洁、方便，具有省时省力的特点。

假设实在挖掘不到什么卖点，那么，要注意以下两个方面：

第一，不要去制造假卖点，不然会容易失去客户的信任。

第二，重新选品或打造新品。不要在一棵树上吊死，尝试挖掘别的商品的卖点，找到最适合你的那一款商品。

毫不夸张地说，商品卖点是文案中的最核心的内容。如果不能在文案中展现商品的卖点，那么客户更不会清楚它所带来的好处，从而也不会产生购买的欲望。因此，在文案中体现商品的卖点，把商品最好的一面展现给客户，才有可能实现微信朋友圈变现。

"每一条高流量的微信朋友圈背后，都有一个好文案的支撑。"灵活运用文案撰写的七大方法，精心打磨微信朋友圈里短短的一段话，文案一定会成为"卖断货"的出彩广告！

第7章

流量决定销量,人脉就是钱脉

如果把微信朋友圈比喻成一座花园,那么,要想让这座花园充满生机,就要想方设法招徕更多的"蝴蝶"和"蜜蜂",吸引更多粉丝。流量决定销量,人脉就是钱脉,只有当你的"微信朋友圈花园"聚集了更多人气后,它才能变得更有价值。

7.1
六种最常用的传统"吸粉大法"

在互联网时代,"吸粉引流"一直以来都是各品牌亘古不变的话题。随着社会的快速发展,各种各样的"吸粉大法"层出不穷,有传统的,有比较新颖的。总的来说,这些"吸粉大法"都是可以用的。

"姜还是老的辣",在微信朋友圈里,一些传统的方式依然能够吸引到粉丝,我们一起先来看看传统的"吸粉大法"。

7.1.1 把手机通信录导入微信朋友圈

移动互联网时代,手机成了人们的主要通信工具,也成为人类关系的一个缩影。各种社会关系都能在其中体现,比如亲戚、朋友、同学、工作关系等,在手机通信里,少则几十人,多则上百人。使用越久的手机号,里面存储的联系人会越多。同时,手机通信录里面的联系人大部分都是知根知底的。在营销活动中,相对于其他粉丝,他们会更加愿意包容、相信,更能很好地互动,并愿意购买商品,因此,在微信朋友圈里,手机通信录就是一个很好的"人气来源"。如果能利用微信服务插件,将通信录中的号码全部添加至微信列表,那么微信朋友圈人气会变得更高。

用手机通信录实现引流的方法如下:

1. 寻找更多的手机号码

手机通信录中的联系人数量不多怎么办?唯一的解决途径就是通过添加大量的手机号到通信录当中,然后再通过微信添加的方式,把这些手机号转移到微信中,将这些人发展成粉丝,从而壮大微信朋友圈。

那么去哪儿找那么多手机号码呢?这里有一个简单的方法。搜索阿里巴巴的官网,在官网的搜索框里点击"采购商"选项,然后输入所销售的商品名,就可以看到大量采购商的资料,其中也包含了他们的电话号码。

这种方法的好处就是在短时间内找到大量的电话号码。通过添加电话号码的方式,将他们都变成微信好友,发展成为粉丝。最重要的是,这些采购商,都是对所售商品有实际需求的,因此,这种搜索电话号码的方式具有一定的针对性。

2. 滤出目标客户

找到大量的手机号码后,并不意味着可以"高枕无忧"了。这些新加入的好友中,有些客户会表现出极大的热情,会主动沟通联系,有些客户则成为好友列表里的"潜水党",一句话都不愿讲。很明显,在这两种类型的客户中,第一种类型的客户是关注营销信息的,他们主动转发信息的概率也会很大;第二种类型的客户是对商品信息毫不感兴趣的,因此,对于这种类型的客户,要及时过滤掉,不要浪费过多的时间和精力。

在过滤目标客户时,可以点击对方的微信昵称,在"详细资料"页面上点击"设置备注和标签",对目标客户的备注名和标签进行相应的修改和标注,以便在后面的营销中对目标客户进行快速识别,从而让互动更有针对性,提升成功的概率。

3. 加强和客户的互动

用通信录"吸粉"后,还要学会去"固粉"。毕竟在各种因素的影响下,粉丝数量可能会不断减少。这其实是一种很正常的现象,因为不是所有的粉丝都满意你的文案、你的商品。所以,主动联系客户,了解客户的想法,不断地修正营销模式,让流失的粉丝"回心转意"。

微信朋友圈互动的方式主要有聊天和评论。其中最基本的就是微信聊天,也是最简单直接的方法。在采取这种互动方式的时候,一定要注意用文字的形式与客户互动。如果采用语音的形式,会让客户觉得你很不尊重他。互动的文字一定要再三斟酌之后再发,要有礼貌地向客户传达想法,这样才能让客户敞开心扉互动。评论也是以文字的形式来呈现。如果有客户在微信朋友圈的评论中提问,一定要耐心地在评论里一一解答,不能因为评论太多而对一些评论选择视而不见,不然会失去很多粉丝。

把手机通信录导入微信朋友圈,即通过手机号聚集客户源,只是吸粉引流的方法之一,后面还有许多方法等着大家一起去解锁。

7.1.2 把 QQ 好友请进微信朋友圈

互联网社交媒体"大佬"——腾讯,在推出微信之前,就已经做了很多年的腾讯 QQ,可以说,腾讯 QQ 在社交媒体界具有元老

第7章 吸粉引流
流量决定销量，人脉就是钱脉

级的地位，其列表好友数量不亚于腾讯微信好友数量。手机通信录和微信中没有的好友，QQ好友里面却有。这是因为腾讯QQ最早走入网络用户的社交平台，前期累积下的客户是很多的，利用QQ这条吸引粉丝的渠道不能忽视。把QQ好友请进微信朋友圈。

目前，最新版本微信的QQ好友导入方式已经下线，因此，要想把QQ好友变成微信好友，就需要从QQ上获取好友的微信联系方式。怎样在QQ上获取好友的微信联系方式呢？下面由我来给大家介绍具体的方法。

1. 用好QQ相关功能

QQ的功能有很多，经常被使用的有以下三种。

（1）QQ签名

QQ签名是一个典型的"广告位"。由于QQ签名所能展示的长度有限，超过相关字数就会被折叠起来，所以，QQ签名要尽量简洁。比如，写上微信号就可以了，或者直接写手机号码，让好友通过手机号来查找微信号。

（2）说说

说说可以体现在QQ动态里，其表现形式和微信朋友圈动态是一致的。只要发了说说，那么，好友的空间动态里就会有所体现，好友在刷好友动态的时候就能够看到。说说的形式可以为微信朋友圈商品打广告，让更多的好友看到微信联系方式。

（3）空间日记

相比于前面两种功能，空间日记所能承载的文字内容会更多一些，充分利用这种呈现形式，来为自己的个人品牌做一个全面的宣传。

2. 通过 QQ 群进行传播

QQ 群可以算是一个大撒网式的吸粉方法。QQ 群里的人数普遍很多，并且每发布一条信息，群里所有的成员都可以收到。群里许多你不认识的人看到你的消息后，可能会主动找上门来。在 QQ 群里，直接发送微信号，让群里的人添加。比如，客户是女性，那么就可以在添加 QQ 群那一项中，搜索女人、妈妈等交流群。当验证通过后，除了在群里发送宣传信息外，还可以直接添加群中的好友，或者直接建立聊天对话框，加强沟通和互动，然后直接把这部分 QQ 好友加到微信通信录中。

其实近几年随着微信的快速兴起，QQ 的使用者越来越少，但是年轻一代的"90 后""00 后"依然还在 QQ 上活跃着，并且他们还是消费主力军，因此，从 QQ 上吸引粉丝，也是比较省力和高效的方法。

7.1.3　添加附近的人，用"明星人设"吸引粉丝

微信界面里，有一个功能叫作"附近的人"，其主要功能是定位当前的位置，在相同的位置区域搜索正在使用同种功能的微信用户，搜索结果所呈现的好友列表，可以发送添加的邀请。当位置发生变化时，"附近的人"也会随之发生改变。

"附近的人"里面的用户都是离你很近的人，在天时、地利、人和上就给你营造了"地利"这一项，如果能够为自己营造出"人和"，那么微信朋友圈品牌会走得更远。所以，微信"附近的人"是一个适合大规模添加用户并将之发展成为自己客户的一个渠道，你可以好好地掌握它的用法，进行精准定位。

第7章 吸粉引流
流量决定销量，人脉就是钱脉

在用"附近的人"功能时，如何做才能更好地吸引粉丝呢？

1. 不要急着给粉丝推广告

在添加附近的人之后，切忌不要一开始就"赶鸭子上架"，给他们推你的微信朋友圈广告。不熟悉的人之间，用广告推销的方式开始谈话，会让对方认为你是个骗子，没安好心，可能在添加微信好友之后会立即拉黑。所以，在添加好友之后，要注意循序渐进。先跟添加的新好友打招呼，并且在微信朋友圈中多与他互动，这样可以让双方加深了解。

2. 将自己塑造成微信朋友圈的明星

在添加"附近的人"为好友后，你需要利用微信朋友圈来获得粉丝的信任。要想获得粉丝的信任，就要把自己塑造成微信朋友圈的明星。

这里有三大借势秘籍供你选择。

（1）借势大咖

生活中的大咖其实就是明星，要想成为明星，可以借用他们自身的明星力量来打造自己的明星光环。借势大咖不仅仅是一张合影就能做到的，合影只是一种表面形式，要知道，在跟大咖合影之后，如果你没有给他留下深刻的印象，那么他很有可能会把你删除。所以，要想真正获得大咖的力量，就要不断地拔高自己，用学习来提升自己的知识素养，在最高处与大咖们相逢。

比如进了大咖的付费圈后，可以学习大咖所教的一些内容，培养自身的专长，利用专长去创造收益。假如在这个付费圈得到了大咖的夸奖，就可以截出聊天记录，在微信朋友圈晒出来。粉丝看到截图后，也许会觉得你还比较靠谱，连大咖都夸奖你，以后可以多关注一些你发的微信朋友圈。

总之，借势大咖权威的背书素材，可以在无形中给你增添优势。

（2）借势节日

一到节日，微信朋友圈里就会涌现各种节日祝福，但口头上的节日祝福常常会引来客户的反感。比如在微信朋友圈祝母亲节日快乐，客户可能会觉得这种祝福是一种很虚伪的表现。

因此，在送节日祝福的时候，需要在微信朋友圈展现具体的行动。比如晒出给父母的转账记录，虽然转账的钱不多，但是一份心意，会让微信朋友圈的客户觉得你确实是一个有孝心的人。

（3）借势热点

做到与时俱进，开阔自己的眼界成为微信朋友圈里的明星，与世界、社会接轨，借助一些热点来让明星光环更加吸引人。

在这里，给大家列举三种搜寻热点的渠道：微博热搜、腾讯新闻、今日头条。这三条渠道可以说是目前生活中热点发布最快、最准的平台了，通过浏览上面的内容，能快速地知道当下的热点。

在借势热点的时候，可以选择那些刷屏级别较高的热点内容，或者一些正向新闻、个人成长、娱乐调侃的内容，一定不要选择那些站队表态、负面新闻、无聊八卦、诋毁他人的内容，不然以后你的微信朋友圈品牌火了，被人挖出"黑料"，你的粉丝对你的信任感就会大大降低。

具体借势热点的时候，可以在第一段先还原事件的来龙去脉，在第二段阐述自己的观点，第三段用热点配图作出适当的补充。

总而言之，在添加"附近的人"之后，可以慢慢利用微信朋友圈的明星人设来留住粉丝或者吸引更多的粉丝。

7.1.4 摇一摇，摇出更多客户

"摇一摇"其实和"附近的人"在功能上有点相似，都是通过连接发生共同行为的双方，但"附近的人"的共同行为是搜索"附近的人"，而摇一摇的共同行为则是摇晃手机，即手机系统会自动给你推荐同一时段摇动手机的用户。这个方式听起来会很有趣，毕竟"摇手机"只是个肢体动作，通过肢体动作就能收获好友，是不是感觉有些神奇？

用"摇一摇"进行大规模交友，具体来说有两种途径：一种途径是自己摇动手机主动添加对方；另一种途径是用奖品来吸引别人同时摇手机。

第一种途径比较笨，但是几乎零成本。在摇出相关用户后，可以主动和对方打招呼。当谈话进行到一定阶段的时候，可以向对方发出添加好友的邀请，然后再将对方发展成为粉丝。当粉丝对你产生崇拜心理之后，他可能会推荐其他人和你一起摇手机，或者直接把你的微信号推荐给他们，这样你的粉丝就像"滚雪球"一样越来越多。

第二种途径虽然吸引粉丝的速度会比较快，但需要投入一些成本，奖品越丰厚，吸引到的粉丝就会越多。接下来看一个案例：

国内某珠宝品牌在情人节当天发起微信"摇一摇"活动，即微信用户只需在规定的地点和时间里使用微信"摇一摇"功能，就有机会获得该店的品牌钻石。微信用户摇到奖品，可以关注该珠宝品牌的官方微信号，将自己获奖的截图发送给这个微信号，就能够领取相应的礼品。活动结束后，该珠宝品牌赢得了一大批粉丝。

这个案例就是利用"摇一摇"的奖品激励，调动了随机用户添加官方微信号的积极性，在短时间内收获了大量的粉丝，因此，"摇一摇"功能所带来的粉丝数量是巨大的。

7.1.5 消息群发，吸引潜在客户

消息群发是一个效率比较高的微信功能，主要具有以下优势：

第一，只需要简单的几步操作，就能把自己的消息传达给每一个好友，为你节省了很多流程和时间。

第二，对网络要求不是很高，只要有网络，就可以群发相关消息。

第三，相对于普通广告，群发消息的速度会更快一些。

第四，群发消息的内容不局限于单纯的文字信息，图片、视频、小程序、网页链接等呈现方式都能够使用。

第五，在群发消息后，微信系统会自动生成客户对话框，和所有的群发客户都有单独的对话渠道。感兴趣的客户，可能会主动询问相关信息，你也能够查询到相关历史消息，找到对应的客户。

在群发消息的时候，需要注意以下几点：

第一，消息要主题明确、内容简洁，能让客户读完后抓住重点，并且消息内容不要都是纯广告，也不要大规模地煽情，要以新奇的形式引人注目，吸引客户阅读并参与交流。

第二，带有图片的消息，图片一定要清晰、美观，保证图片的重点部分位于醒目的位置，最好以原图的形式发送给客户。

第三，信息标题巧妙地给客户营造一种紧迫感和新奇感，让客户产生一种"不读会亏"的错觉。好的标题是成功的一半，如果你的标题老旧，不够新颖，那客户可能根本就没有往下读的兴趣。

第四，注意发送时间。在别人休息的时候发送消息，会影响到他人的正常生活，说不定一气之下就把你拉黑了。所以，一定要在不打扰客户休息的情况下群发消息。

7.1.6 分类、标星、置顶，三大方法做好粉丝管理

成功吸引到粉丝后，微信朋友圈里的好友数量可能会有点儿多，与大量的好友进行互动可能会顾此失彼，遗忘一些重要信息。为了避免发生这种事情，可以采用"分类、标星、置顶"三种方法来进行粉丝管理。

1. 标签分类

面对不同需求、不同性格、不同消费水平的客户，将他们分门别类贴上不同的标签，为日常推荐提供便利，同时为了避免新客户的反感，可以根据标签选择性地屏蔽一些人。

2. 标星

在经营自己微信朋友圈的时候，一定会发现有些人是大客户，有些人是小客户。尽管在服务上应该一视同仁，但是实际情况下还是需要重点注意大客户，不管是在消息推送还是其他服务上面，都要给他们贵宾级的待遇。为了快速找到重点对待的大客户，可以将他们设置为"星标好友"，只要你一打开微信好友列表，就能一眼看到他们。

3. 置顶

在微信朋友圈里，总会有些明显积极的客户。面对这些意向客户，需要随时跟进，除了设置"星标好友"外，还可以将他们的聊

天对话框设为"置顶"。这样很方便在微信界面的最顶端快速地找到他们所对应的对话框。

同行商友群也需要置顶，以便随时随地与同行商友交流一些经验，交换一些重要的市场信息。

7.2
互推法：利用互推，挖出朋友的朋友

除了六种常用的传统"吸粉大法"，新式"吸粉大法"也方兴未艾。人只有与时俱进，才不会掉队。互推法就是新式"吸粉大法"的一种。所谓互推，就是彼此互相推荐，进行等价交换。互推在本质上是一种信任传递的过程，因此，在双方还未熟悉时，千万不要互推，不然会被对方无情地拒绝。互推的方法可以分为以下两种。

7.2.1 微信朋友圈互推

微信朋友圈互推，就是"异业资源互换"，即双方交换不同的资源，实现"1+1＞2"的效果。举个现实生活中的例子：

卖鸡蛋的赵大妈是个老实人。由于她不懂营销，经常一天只卖出 10 多个鸡蛋，于是村里的周大哥给了她一个建议：在市场上找到买西红柿的人，并和他处好关系，建立合作关系。

这样一来，当有人来买西红柿，西红柿的摊主就会推荐顾客购买赵大妈的鸡蛋，同理，当有人来买鸡蛋时，赵大妈也推荐顾客去西红柿的摊主那里购买西红柿。两人合作后，经济效果就开始显现了，王大妈的鸡蛋从以前每天十几个的销售量增加到每天平均70多个，同时，西红柿摊主的销量也有所提升。

尝到甜头的赵大妈，开始寻找"热门菜"的合作伙伴，比如"青椒炒蛋"——青椒的摊贩；"韭菜炒蛋"——韭菜的摊贩；"黄瓜炒蛋"——黄瓜的摊贩。经过不断的互推与合作，赵大妈的鸡蛋销量日益上涨。

由此可见，看似简单的微信朋友圈互推，能够在不断的积累中实现"1+1＞2"的效果，带来更大的收益。

在朋友圈互推的时候，需要注意以下几个方面：

1. 选择合适的互推对象

在选择互推对象时，应该充分考虑相互之间的关系。如果还未建立起双方的互信，建议不要着急互推。可以在互推之前打电话或语音沟通，尽量找和自己粉丝数相当的对象。在充分的预热后，找准时机推出自己，这样才能获得好的互推效果。

2. 互推文案要简洁明了

互推文案内容一定要写清楚，让对方了解你是干什么的，想要做什么，能在哪方面给别人带来好处。这样对方才会明白你的意图，对你了解透彻后，才会决定是否与你互推。

介绍文案要简练，不拖泥带水，让别人感受到你的专业，同时在文案下方附上二维码，这样方便别人加你，提升互推效果。

3. 把握互推的时间和频率

微信朋友圈的活跃时间一般在 20:00～22:00，在这个时间段向互推对象发送信息比较合适。需要注意的是，刷屏式的互推往往会适得其反，一周互推两次或三次就够了，这样一个月的互推次数在 12 次左右，每次增加一两百人也足够了。

除了自己向别人推荐自己，还可以动用身边朋友的力量帮助互推。朋友帮助互推时可以用以下三种互推模板：

推荐我的好朋友×××。
推荐他不是因为……而是因为……
他的好友位置有限，手慢就没了。

"常自夸不如别人夸"，有时候别人的夸赞会更有效。如果你的内容正中你朋友的朋友的"下怀"，那么，他们会基于对朋友的信任添加你为微信好友，从而成为你的粉丝。

7.2.2 平台互推

对于很多微信朋友圈小白来说，单靠自己微信朋友圈互推吸粉是远远不够的，这时候，需要借助一些平台的力量来挖出更多的"朋友"。这里给大家总结了三个平台的互推：微信公众号平台、知识星球平台、微博平台。

1. 微信公众号平台的互推

新式"吸粉大法"里有一个原则："做流量不如做留量"，换言之，与其做一个十万、百万的大号，还不如做一个黏性强的公众号号主。

在做公众号互推时，必须要做的一点就是积累互推资本，让公众号的内容变得轻松、优质、有价值。

在积累互推资本时，可以借鉴以下经验：

（1）做优秀学员，借势大咖引流

前文提到过的柚子妹就曾经是关健明老师的得意门生。关健明老师就曾在他"创意很关键"的公众号里提到过柚子妹，用公众号为她做了一个介绍。这次介绍就给她带来了很多粉丝。后面"煤老板"公众号找到了柚子妹，给柚子妹做了文章推送，以至于很多人看到后会主动添加柚子妹的微信。

除了大咖主动为你宣传外，还可以借助大咖的平台，主动输出一些相关内容的稿子，这样既可以向大咖表示感谢，同时还在无形中为自己打了广告。

（2）通过努力上榜百万大号

如果做不成百万粉丝的大号也不要紧。还可以通过努力学习，创造一些属于自己的成绩，自然会有百万大号的运营者主动把你的事迹当作他们的内容素材。比如，柚子妹就曾上过"阿何有话说"的百万大号。上榜之后，就有一些粉丝陆陆续续地主动添加柚子妹的微信。

2. 知识星球平台的互推

"知识星球"是一款 2018 年发布的知识变现 APP，可以说，它是一款连接内容创作者和铁杆粉丝的"桥梁"。

相比于微信公众号，"知识星球"的竞争还没有那么激烈，可以去其他星主的"知识星球"里当嘉宾来展示自己，不断地在这种优质平台里露脸，慢慢地积累一定人气后，就可以开设自己的"知识星球"了。先将自己的内容提供给一部分付费学员使用,运营一段时间后,可以"对外开放",从30个、50个到100个粉丝做起,在不断沉淀自己的同时,达到连接1000个粉丝的目的。

3. 微博平台的互推

自2010年以来,微博一跃成为中国互联网发展最快的应用,微博信息的及时性和公开性,获得了许多年轻人的青睐与追捧。微博也是一个很好的推广平台。

在微博里,我们常常会看到很多微博评论下有"互粉"这个词,其实,这就是微博互推的一种表现形式。

通过微博"互粉"可以得到更多的粉丝。你可以在微博大厅里搜索"互粉"这个关键词,有关互粉的话题就会展现出来,比如"互粉大厅"。在"互粉大厅"里广泛"撒网",在浏览量较多的微博下评论"互粉"两个字,当后面有和你同样想法的人看到你留下的评论时,他就会主动关注你,此时的你也要及时回复,以表诚意。

除了"互粉"这种基本的互推方式外,在微博里还可以找"托儿",比如,发布一条有价值的微博让朋友进行评论。假如是一名撰稿人,可以让朋友在评论里这样写:

看了你的微博,觉得你写的文章很好,关注你!

将朋友的这种评论设为置顶评论,当别人点开微博内容的时候,第一眼就能看到"好评",从而产生良好的印象。

微信朋友圈的互推法,实质上是借力资源挖出朋友的朋友。互推来的粉丝,大多都是精准且忠实的粉丝,因为有朋友在为你做信任背书,让那些粉丝很容易放下戒心;同时,能够添加你为好友的,都是对你感兴趣的。

在互推的过程中，要坚持只推人不推商品的原则。因为推商品容易让人产生"做广告"的感觉，这样的推荐，不仅别人不乐意帮你推，就算推了，也不一定会产生好的效果。

真正能够留住粉丝的，还是内容。因此，在互推解决了关注量问题后，需要在内容上下功夫，通过不断地创新来增加粉丝的黏性，提升对你的信赖。

7.3
分享法：用分享，成为粉丝眼中专业靠谱的行家

要想成为微信朋友圈的"吸粉大师"，当然少不了平日里微信朋友圈的分享，许多行家都是从学会分享开始的。但是在很多人眼里，分享并不是一件容易的事情，他们会觉得没有内容去和别人分享。其实，分享，没有你想的那么难，只要你掌握了一定的方法，加以练习，相信你一定会爱上分享。

分享要有内容作为基础，和粉丝之间形成信息差，这样才能够促成分享。首先，要找到比80%的好友更擅长的领域，比如摄影、音乐、舞蹈、写作等。如果没有就选择一个自己喜欢的领域，然后去积累相关的知识，在积累的过程中，通过网络、公众号素材、书籍以及一些课程笔记去提升自己。

在找准分享的领域之后，接下来就是操作方法了。具体来说可以分为个人分享和平台分享两种方法。

7.3.1 个人分享

个人分享是最常见也是最便捷的一种分享文字、图片、视频等的分享方式。为了让个人分享显得更加专业，我给大家推荐一种实用的分享法——分享资料包。

资料包也就是所谓的"干货"。分享"干货"，可以帮你吸引一大波对干货有需求的粉丝。其具体涨粉的流程为：粉丝收到转发任务的信息后，在微信朋友圈转发相关信息并截图，然后把截图发送给个人号，最后领取资料。同时，这种分享方式，还能在一定程度上缓解已有粉丝的焦虑。

在这个分享流程里，个人号要及时给粉丝作出反馈，这时可以利用一个工具——Wetool来对粉丝的截图进行自动管理。通过这样不断的转发和关注，你的微信朋友圈自然而然地就涨粉了。

需要注意的是，在制作资料包时，需要去很多渠道搜集相关的资料并进行下载，然后再对这些资料进行分类拆解，重新组合成自己的资料包。这样重新组合的目的是为了避免与其他个人号分享的资料包雷同。换言之，就是要在个人分享中突出个人特色，让粉丝感觉到你所制作的资料包是独一无二的。

7.3.2 平台分享

"铁打的营盘，流水的兵。"一个人的力量是有限的，守住阵地才是王道。因此，要利用一些平台优势，在这些平台上持续输出，坚持分享，充分发挥这些平台"流量池"的效用，扩大自身的影响力。

第 7 章 吸粉引流
流量决定销量，人脉就是钱脉

分享的平台有很多种，比如微博、知乎、公众、今日头条等，不管在哪个平台做分享，如果掌握了平台分享的技巧和方法，想要招来粉丝都不是难事。那么，平台分享有哪些技巧和方法呢？

1. 在平台上讲故事

在讲故事时，首先要选择恰当的主题，然后用通俗易懂的语言把故事分享出去，借此来向大家传播自己的理念和商品信息，赢得广泛关注。

其次，要选择一个适合的故事载体，把故事生动地输送出去，给读者留下深刻印象。如果随便找一个故事"生搬硬套"，那不仅让整个故事失去吸引力，还会让你在平台上陷入冷场的尴尬。

知乎上有一个叫"故事档案局"的官方账号，如图 7-1 所示，在知乎上就是以讲故事为主来展现文字功底的，为此，它收获了一大批粉丝的关注。

图 7-1 "故事档案局"知乎账号

2. 利用平台付费推广

为了提升在平台分享内容的曝光度，可以采取一些平台付费推广的方法。

付费推广一般都是按照点击付费的，所付的费用越高，分享的内容出现在读者面前的频率就会越高。总之，在平台上做付费推广，吸粉效果是非常快的。当然也是要投入一定成本的，所以，投入推广费用的多少，要根据希望的推广效果来决定。

3. 寻找平台合伙人

"众人拾柴火焰高"，在必要的情况下，寻找一个"最佳合伙人"一起进行平台上的分享输出。有了合伙人，你在平台所分享内容的质量和频率也会有所提升。

如果一个人不会分享，就算他在某一领域十分专业，别人也不会知晓他。因此，只有在微信朋友圈学会分享，才能成为粉丝眼中的行家，才能吸纳更多的粉丝。

7.4
社群法：学会混圈，吸纳更多的社群粉丝

随着网络科技的发展，许多传统营销方式逐渐失效，而社群和圈层化营销时代正在悄悄来临，社群慢慢成为了"最容易接触的流量群体"。也就是说，社群这种精准营销的方式已经成为了吸引粉丝的有效渠道。所以，学会混圈，从社群中吸纳更多的粉丝，也是微信朋友圈拥有更多粉丝的方法之一。

第 7 章　吸粉引流
流量决定销量，人脉就是钱脉

社群有很多种，这里主要给大家介绍微信群的混圈方法。微信群是最常见的一种社群。怎样才能混好微信群，以下几点建议值得参考。

7.4.1　做好自我介绍

在微信群里，吸引粉丝的第一步就是做好自我介绍。好的自我介绍应该从以下几方面入手。

首先，你可以用 FAEB 销售法则来撰写自我介绍。这里的 FAEB 分别代表特点（Feature）、优点（Advantage）、证明（Evidence）、利益点（Benefit）。所谓"特点"，就是自己的标签；"优点"就是自己的优势；"证明"就是数据语言；"利益点"就是你能够带来的价值。

一起来看几个案例：

案 例 一

【我是】×××

【坐标】湖北

【标签】精美出租屋装修者

【能提供的资源和帮助】专业时髦的出租屋装修，让你在车水马龙的大城市，也能感受到家的温馨。希望链接到优秀的你，共同学习、成长、进步。

案 例 二

我是×××，一位单亲妈妈。我居住在重庆地区，离南山很近。我的本职是一名公务员，在微信上做个人品牌已经三年了。我比较擅长摄影，拍摄的照片曾多次获奖，如果你有摄影这方面的爱好，可以和我一起讨论哦。

案 例 三

我爱好摄影，为了摄影走遍大江南北。我曾去过西藏、青海、新疆，也去过北海、三亚、青岛，还去过重庆、成都、云南。在旅途中，我见过不少稀奇古怪的事情，碰到过形形色色的人，有淳朴的村民、朝气蓬勃的年轻人、婀娜多姿的少女……

我是一个很爱唠嗑的人，在旅途中，我常常与人唠嗑，大到宇宙星系，小到虫蛇蚂蚁，人送外号"唠嗑哥"。我很喜欢这个外号，因为至少我在那些人心中留下了很深刻的印象，当他们一谈论到"唠嗑"的话题，就会不由自主地想到我，我不再是这个世界上一个小小的存在了……

对于摄影，我有很多体会和方法，如果你对摄影感兴趣，那么就请添加我的微信，我们一起来"唠嗑"。

这三个案例，各有优缺点，第一个案例将自我介绍的内容分别罗列，能给微信群里的好友一种简单清晰的视觉效果，但是没有突出自己的优势，同时也没有数据语言证明自己的实力；第二个案例则是最普通的一种自我介绍了，不能引起微信群好友广泛的兴趣；第三个案例虽然颇有文采，很有特点，但是篇幅过长，不能给社群好友带来好的阅读体验。因此，自我介绍的时候要注意：数据佐证、身份包装、技能展示、分点罗列以及阅读体验。

除了文字介绍，做好自我介绍还应包括发红包、爆照、附表情包等。做好这个工作应遵循红包在前，介绍放中间，爆照在后，最后附表情包的顺序，特别是前面两个步骤的顺序一定不要调换，不

第7章 吸粉引流
流量决定销量，人脉就是钱脉

然你发了红包后，所有人只会在意你的红包，就不再在意红包前的文字内容了。

注意在发红包的时候，红包上要写上能达到发红包目的的文字，比如：

新人×××，多多指教。
×××终于找到优秀社群了！
×××前来××社群报道。

在红包上标注名字，在微信群混个脸熟，从而加深微信群好友对你的印象。同时，红包个数不要超过红包金额，不然每个人只能领到几分钱，会让群气氛变得十分尴尬。

在爆照的时候，要选择一些具有气场的生活美照，不要和自己的头像重复。人都是视觉动物，就算是你发的是美化后的照片，但也能在虚拟的互联网中增强客户对你的印象。

附表情包的主要作用是为了营造社群里轻松愉快的氛围，能让社群好友认为你是一个平易近人、风趣幽默的人。

总之，在微信群里自我介绍的时候，切忌发长图或者其他链接介绍，图片容易过期，而且这两种方式都给社群好友多了一个"点开"的步骤；切忌长篇大论，超出一页手机屏幕，不然会让社群好友失去耐心；切忌加上自己的微信号，社群好友只需要点击你的头像，就能够添加你的微信好友，况且自我介绍本来就需要简洁，这种"多此一举"的内容不用添加。

7.4.2 直接链接群主,抓住混微信群的关键

群主是社群的关键人物,混好社群就需要抓好这个"关键",学会链接群主。怎样才能链接到群主呢?这里有几种方法可供参考。

1. 用群聊昵称撩群主

每个人的群聊昵称都是可以修改的,为了跟群主"套近乎",将自己的群聊昵称改为"×××的小迷妹""×××的死忠粉"。这样当你在群里发表言论,群主看到你的昵称时,他可能会很开心,对你的印象更深。

2. 经常在群主的微信朋友圈中互动

在群主微信朋友圈活跃的方式主要有点赞和评论,你可以多和群主进行互动,让群主记住你。

3. 主动给群主推荐好友

给群主推荐好友,可以给群主推荐普通好友、KOL以及你认识的一些大咖,这样在群主心里,你是一个能带来资源的人,从而对你愈加看重。

4. 主动请缨,当群主的助手

随着社群的规模慢慢变大,群主在管理社群的时候会耗费很多的心思,那么这时候主动请缨,来当群主的小助手,为群主回答群内的疑问、制定相关群规、营造群内良好的氛围,这样也能让群主省下不少心,让群主更加信任你。

5. 给群主捧场

当群主在社群里发布消息的时候,要积极主动响应群主的号召,去给群主捧场,成为一个顾大局的人,赢得群主的喜欢。

6. 争取社群分享的机会

以上所有混社群的方法,都是为赢得社群分享机会做的铺垫,只要能赢得群主和群友的信任,就可能争取到分享的机会。虽然这种分享的时间不长,但是你还是一定要去争取。

7.4.3 设计微信群文案里的"诱饵"

古人云:"姜太公钓鱼,愿者上钩。"在社群里,用某种价值或物品去吸引别人,让别人主动来添加你。比如在群里分享好看的二维码图片,用"草料二维码生成器"或者"图怪兽",将二维码名片变得具有吸引力。

设计文案"鱼饵"的主要目的是向粉丝抛好奇点,从而引发讨论。在抛"鱼饵"的时候,注意不要太明显,不然会引来群主的反感,将你踢出群,那么,"鱼饵"式的文案应该怎么设计呢?我们不妨一起来了解一下。

1. 通过"炫耀式"的文案来吸引客户

何为"炫耀式"的文案?一起来看几个例子:

哇!好开心,今天竟然有 100 个好友主动加我。

我上次送了一份资料给这些人,到现在还有人找我要呢!

我刚刚发了一条微信朋友圈,在四个小时内就卖出了 4000 元的产品呢!

你的炫耀,可能会让微信群里有些人感到好奇,主动添加你为微信好友,询问你成功的秘诀。

2. 与同盟打好配合

为了让自己的吸粉动作不太露骨,你在微信群里需要一个"托",举个例子。

A:我用了×××推荐的品牌打造法,太见效了。

B:什么资料啊?

A:我发你。他的微信号你要不?他微信朋友圈里还有许多干货呢!

这个案例中,A 就是一个"托",在无形中就吸引了群友 B,让吸粉方式变得很自然。

7.4.4 利用话术,提升社群好友通过率

在社群里添加粉丝好友,通常都有一个发送给对方的验证消息,在这个验证消息里,可以采用以下几种话术来提升你的群好友通过率。

1. 表示赞美

人人都喜欢听好话,可以在验证消息里这样写:

早就听闻你的大名,终于找到你的微信。

看到你的昵称,觉得你是一个很有意思的人,想加你好友。

2. 表示推荐

推荐型的话术,能让对方对你产生一定信任感,比如:

×××老师推荐我加您好友。

3. 表示来源目的

在验证消息中说明来源目的,让对方理解添加行为,比如:

我是×××摄影群的,想和你交流一些摄影技巧。

4. 表示连续

所谓表示连续,就是让对方知道你已经添加他很多次了,如果对方再不加你会感觉有点儿不近人情,比如你可以这样写:

加你三次了,期待与你交流。

在微信朋友圈,粉丝数量是有限制的,如果微信号满了,或者粉丝没有看到你所推荐的另一个微信号,那么你的粉丝可能会大量流失。为了防止这种情况的发生,可以用微信绑定你的QQ号,来突破5000的粉丝量。

7.4.5 借助快闪活动，打造"专属"社群

除了依靠别人创办的社群去吸纳更多粉丝外，还可以利用快闪活动来建立一个自己的专属社群，去吸纳粉丝。

近几年，快闪活动日益流行，其特点就是"快"。简单来说，就是许多人在同一个地点、同一个时间，出人意料地做同一个动作，然后再快速离去的活动。每一个快闪活动的背后都有一个快闪群的支撑，快闪群实际上也是一种社群的表现形式。

1. 快闪活动的五个特点

（1）存在周期短

快闪活动是一种短暂的"行为艺术"，大多数的快闪群在活动结束后就会解散，因此，快闪群的存在周期是非常短的。

（2）单次分享

多数快闪活动都是单次分享型的，比如一次"广场舞蹈"的快闪活动，活动结束后，不会再在同样的地点重复同样的活动。

（3）快速链接

快闪群的封闭性较高，且群里的成员都是自愿参加活动的，经常会在群里讨论活动的流程或者细节。所以，快闪群里的互动程度通常都要比其他社群要高。

（4）制造悬念

在快闪活动结束后，很多快闪群的群主通常会在快闪群里给下次的活动作预告，从而给快闪群内的好友留下悬念，让他们充满期待。

（5）运营成本低

快闪群的运营成本是很低的，只要将有共同活动目的的人拉到

微信群里，就可以高效盘活粉丝。

2. 快闪活动的两种形式

快闪活动主要有以下两种形式。

（1）快闪秒杀

快速的秒杀活动很容易让人心动，做快闪秒杀的时候可以这样写微信朋友圈文案：

×××近百款女装清仓秒杀，裙子、上衣、短裤都有，秒杀价格30～100元，欢迎加入百人秒杀团，8点半开团，扫码入群，不要错过，省钱就是赚钱哦！

这种文案就能够让粉丝体验到一种"赚了"的感觉，因此会快速加入快闪秒杀群，成为你的粉丝。注意，在发这种文案的时候，要把社群的二维码放在上面，秒杀价格也要清晰明确，这样才可能让粉丝快速入群。

（2）快闪送礼

"赠人玫瑰，手有余香。"学会给予，才能获得更多粉丝的信任。可以做一个生日礼物赠送的快闪活动，找到相对应的种子用户，然后让这些"种子"产生裂变，用赠送的礼物带来更多的粉丝。在做礼品的时候还可以寻找赞助商，这样可以省下引流的成本，同时还能为以后的"互推涨粉"打下"友谊"的基础。

从本质上来说，快闪活动其实就是利用活动来增加粉丝量，最终的落脚点还是在"微信群"本身。总之，在微信朋友圈，只要你把微信群"混好"，相信你的"涨粉之路"一定会越走越顺。

7.5 复盘法：深度思维演练，成为微信朋友圈大 V

在微信朋友圈"吸粉引流"，只重视微信朋友圈"吸粉引流"过程是不够的，还必须重视复盘。

那么，到底什么是复盘呢？它只是一个噱头，还是真有其实际的价值呢？

7.5.1 什么是复盘

复盘是对已完成项目所做的一个深度思维演练。

所有的项目不管是版本更迭还是从 0 到 1，都会经历几个核心阶段。复盘就是对每个阶段的具体工作进行分解，分析工作顺利与否、主要问题有哪些、如何进行优化等。

通常，人们在做项目总结时，关注点是从项目成果出发，总结项目成果与不足。复盘与之不同，关注结果的同时，更注重对整个项目过程的重新演练。在演练过程中，发现问题、分析问题、积累更多的经验，从而为以后的战略和决策提供更多有价值的东西，优化解决方案。

总结与复盘最大的区别就是：总结是静止且跳跃的，复盘是动态且连续的。

复盘多以过程为导向,关注过程中的学习和提升。进行复盘不仅能对项目整体规划和进度有更充分的认识,也能学习和收获更多专业知识,认清自己的不足,找出需要改进的地方,从而更好地制订出优化方案。

7.5.2 微信朋友圈的"吸粉引流"为什么要做复盘

作为微信朋友圈运营者,如果想要实现吸粉引流的目的,那么,就必须做好微信朋友圈的管理工作,当好品牌经理人,这第一步就是要学会总结得失。

任何一个微信朋友圈运营者都无法保证自己万无一失,不会发生任何意外状况。而当发生问题的时候,复盘是最好的反思机会。在复盘的过程中,将微信朋友圈"吸粉引流"过程中的优缺点一条条列出来,进行深入思考,可以帮助我们更好地提升微信朋友圈的运营能力。

总之,通过对微信朋友圈"吸粉引流"进行科学专业的复盘,我们能够更明确地认识到运营中存在的问题和取得的成绩,从而准确、具有针对性地给出调整和优化方案,总结运营经验,为成为微信朋友圈达人打下坚实基础。

7.5.3 微信朋友圈复盘如何开展

联想集团创始人柳传志说过,复盘就是把做过的事情,再从头过一遍。具体来说,在做微信朋友圈复盘的时候,我们可以按照以下步骤操作。

1. 回顾目标，找出原因

要知道，不科学的目标往往导致失败，所以微信朋友圈复盘的第一个环节就是要回顾目标，弄清楚我们运营微信朋友圈的目的。这样是为了不断检验我们的目标是否科学，并且在这个过程中不断去总结和优化，使之更合理。

解决问题是复盘的本质，而要做到这一点，在回顾目标的时候，我们先要弄清楚"原定目标"和"现有结果"之间的差距，其实就是"定义问题"。只有准确定义了目标问题后，才能根据这个目标问题去有的放矢地分析原因、寻找解决方案并开展后续行动，从而制订更科学的目标计划。

"定义目标问题"的具体示例，如表7-1所示。

表7-1 微信朋友圈"定义目标问题"的示例

原定目标	2020年1月1日，完成微信朋友圈消息推送50条，增粉5000人
现有结果	截至2020年1月2日，完成微信朋友圈消息推送50条，增粉3000人。未达到预定目标
定义目标问题	在规定时间内计划完成50条微信朋友圈消息推送，已完成；计划增粉5000人，只达到3000人，差2000人

完成定义目标问题这一步骤之后，我们还需要对目标复盘的结果和方案进行呈现。

在这一步中，我们需要弄清楚目标、目的、实现的策略和路线是什么这三个问题。在这三个问题中，最重要的又当属策略和路线，也是目标复盘最需要解决的问题之一。

接下来以表7-1中的内容为例，为大家详细讲解究竟应该怎样呈现对目标复盘的结果和方案。

在表7-1中，定义目标问题是这样描述的：在规定时间内，计划完成 50 条微信朋友圈消息推送,已完成;计划增粉 5000 人,只达到 3000 人,差 2000 人。我们要对这个描述进行总结和解析,找到造成目标没有完成的具体原因。通常,这个原因可以从我们所运营的微信朋友圈类型、粉丝属性、发布时间、视频内容等角度去分析。找准原因后,就要制定改进策略和路线。例如,在有限时间内只靠一种消息推送很难获取大量粉丝。找出问题后,制定有效方法并回到目标中,再根据粉丝属性、时间长短和视频内容制定科学合理的目标,使微信朋友圈运营更具专业性。

2. 总结经验,不断前进

当我们在做微信朋友圈"吸粉引流"复盘的时候,最重要的是要从行动中总结经验教训,并有的放矢地进行下一步的改进优化。

具体来说,就是要明确以下几点:

第一,在分析原因的过程中,你学到了什么新的经验?

第二,在接下来的微信朋友圈"吸粉引流"中,需要做些什么?

第三,哪些方案是可以直接用的?

需要注意的是,在现实的复盘中,很多人容易犯一个常识性的错误,就是简单地把复盘等同于总结。事实上,复盘是一个系统化的学习流程,而总结只是其中的一部分。

3. 将经验转化为结果

要想真正发挥复盘的作用,就必须落实到具体的行动计划中去,并且保证得到有力的执行。简单来说,就是要将经验转化为结果。

具体来说,在将经验转化为结果的过程中,必须要做到以下几点。

第一,开始做什么。根据经验教训,为了挽回损失、改进当前的运营现状，可以开始做什么事情。

第二，停止做什么。通过复盘，可能会发现部分做法不妥，就是需要停止的做法。

第三，继续做什么。找出表现良好或者需要继续保持下去的运营做法，然后坚持下去。

4. 评判结果

完成总结经验这一步，复盘基本结束。但是这并非终点，还需要有结果评判标准，通过标准判断复盘效果。只有评判结果到位且有效，才说明复盘是正确且有价值的。

那么，复盘结果评判应该如何进行呢？一般来说，可以参考以下方法。

第一，对复盘结果进行假设。在假设复盘结果时要做好两种准备：正面假设和负面假设。正面假设就是指有效运营方法和运营结果；负面假设则需列出可能出现的负面信息、不良影响等。

第二，做测试版实战。运营者要根据复盘结果做测试版，不管是开发新商品还是做微信朋友圈"吸粉引流"都适用。测试版也是实战版本，在测试实战中可以清楚看到复盘结论，运营才是有效的。

总之，对于微信朋友圈"吸粉引流"来说，复盘的结果评判很重要，它对于整个微信朋友圈运用的程序和流程都举足轻重。

无论是传统还是新式的"吸粉大法"，只要能帮你吸引到粉丝就是好的方法，希望上面这些方法能够帮你赚取流量，从而提升你微信朋友圈变现的概率。

第8章

微信朋友圈营销六大实用成交技巧

"快速成交"是实现微信朋友圈变现的重要环节。在运营微信朋友圈的过程中,如果能踢好这"临门一脚",那么微信朋友圈营销就成功了;反之,则一切归零。本章介绍微信朋友圈快速成交的六大方法,希望能够给你带来帮助。

8.1
打好"价格战",提升成交率

在很多情况下,客户经常会以"价格贵"或者"别家更便宜"的理由而拒绝成交,遇到这种情况,很多人可能会做出以下错误的回应。

错误一:"这个价格在市场上不贵啊。"

这种回答算是"死亡式"的回答。客户提出价格问题是想让你优惠一点儿,结果你一句话就把整个话题给终结了。

错误二:"我们和别人的商品质量是不同的,您不能只看价格。"

这种回应只会让客户感觉你在贬低竞争者,这样的说法不符合公平竞争,同时也不具备说服力。

错误三:"他们另一款商品的价格,要比我们更贵呢!"

这种用自家便宜商品和竞争对手进行比价的做法,没有抓住问题的中心。

错误四:"我们是有自己的品牌的,别人没有。"

这种说法显然难以站住脚,有品牌不等于商品价格可以更高。

其实,客户指出价格上的问题是基于事实的。你需要先认可他们的观点,尊重他们的质疑,随后调整你的策略,用一些技巧来进行分析,这样才能让客户感受到你的专业,认同你的优势,从而被你说服。

那么,面对客户的这些价格问题,应该怎样正确处理呢?你在本小节的内容中会找到答案。

8.1.1 七招解决"太贵"的问题

面对客户提出的"商品是挺好的,就是价格太贵了,能不能便宜一点?"这种问题,可以采取以下七种方法来解决。

1. 算"得失"法

所谓算"得失",就是让客户知道不和你成交所产生的后果。比如,可以向客户列举品质、体验、商品附加值等,并告诉客户,如果因为数百元而损失这些眼前的价值,会是一个巨大的遗憾。

2. 亮出底线法

客户砍价时,可以做出适当的让步,这样也能让客户觉得你有人情味。但是要记住,要在保证自己利益的前提下做出让步,不然到头来是"一场空",还浪费了大量的时间和精力。

比如,可以直接跟客户说:

这已经是最低价格了,再低我就要亏本了。

通过价格底牌,让客户觉得价格在情理之中。

3. 诚实法

面对客户嫌商品贵的时候,可以坦诚地告诉客户:

如果您确实需要低价格的商品，那么很抱歉，我们这里真没有。其他地方可能会有，但是我不能向您确保其质量是和我们完全相同的。

4."吓唬"法

俗话说："便宜无好货。"你可以用这条俗语来"吓唬"客户，让他不得不买你的商品。比如：

市面上是有许多便宜的，但万一您买到的是假货该怎么办？如果您产生了不好的使用反应岂不是因小失大？

这种"吓唬"法在很多情况下是有效的，这是因为现在的很多客户都很注重商品的品牌质量，他们不会因为"价格低"而去选择质量不好的商品。

5. 突出优点法

对自己微信朋友圈品牌进行优点汇总，弱化价格对客户产生的心理压力，强化客户购买的信心，比如：

价格贵，是因为成本高，这样的材料已经在市场上卖到×××元了……

6. 计算数字法

具体的数据能给客户一个直观的价值感受。在计算的时候，可以把商品价格同其他日常生活用品相比，从而降低客户对于价格的敏感度，比如：

这款商品要700多元，这和您平时买一件衣服的钱是差不多的，一件衣服也最多穿一两季，但是这款商品可以一直用呢！

这样给客户比较，会让客户觉得买你的商品是"物有所值"，因此，他们也不会心疼这点儿钱来购买你的商品。

7. 客户对比法

人都是有攀比心理的，很多客户看见其他消费能力相近的人购买商品之后，也会去跟风下单。因此，可以利用客户的攀比心，这样对客户说：

您的同事×××，前两天就买了我们的商品，虽然她也觉得价格有点儿贵，但刚好能解决她的问题，所以就毫不犹豫地跟我签单了。

当客户听到这样的话时，虚荣心就会作祟，他们可能会想："原来×××都买了，她都买得起，那我也买得起，于是就会快速找你下单。

以上七招是专门针对客户提出"价格太贵"问题的解决方法，希望对你能有所帮助。

8.1.2 三招解决"别家更便宜"的问题

在"货比三家"常规思维的影响下，客户常常会利用沟通机会，指出别人家商品更便宜。遇到这种情况，就需要突出自己的优点才能更好地促成快速成交。怎样才能突出自己的优点呢？归纳起来，主要有三种方法。

1. 指出差异，强调客户利益

从客户的角度出发，指出你的商品与其他人的不同，从而激发客户的购买欲望，那么你的优点也就自然地显现出来了。在从客户角度出发的时候，你可以从客户的安全利益、经济利益和售后利益等方面来分析他们只能从你这里得到的好处。

2. 讨论比较的标准

当客户说"别家更便宜"的问题时，可以用和客户讨论比较的标准来解决。比如，可以这样询问客户：

不知道您是否了解他们为什么会定价这么低呢？

这种提问的好处在于，如果客户也只是道听途说，并没有一个比较的依据，那么他就很有可能会怀疑别家的定价标准；如果他能够说明比较标准，你也能从他所说的内容里找出有利于自身的依据，从而说服客户。

3. 转移客户的注意力

客户在谈论别家更便宜时，其注意力是集中在具体数字上面的。所以，你可以先认可他们的说法，感谢他们的善意，并表示自己实际上已经放弃了价格优势，比如：

我们之所以不降价，是因为除了商品的好质量外，我们还提供了精心的服务体验，比如商品的包装、输送、售后、客户的反馈活动等。

当你把话题从价格上移开后，客户将会把观察范围放得更宽。这样，客户就会意识到，高价格并不只为了获取好东西，更能换来其他方面的利益。

在现实生活中，也有不少客户打着价格的"幌子"，来和你周旋，而在他们心里压根就不想购买你的产品。因此，你要有敏锐的观察力，要学会"断舍离"，尽早远离这些"毒"粉，把时间和精力放在对的人身上。

对于客户而言，价格问题是微信朋友圈成交过程中的一大障碍，很多利用微信朋友圈营销的人总是跨不过这道坎，不知道怎么在保证自己利益的前提下，去灵活处理客户提出的价格问题。总而言之，客户的价格问题无外乎就上文所提到的"太贵"和"别家更便宜"，如果你能用好上面所介绍的方法，那么，成交率就会有所提升。

8.2
打好"心理战"，促成绝对成交

商朝有一位谋略家叫作伊尹，为了了解夏朝的真实实力，他向商汤提议用"抗贡"（不给夏朝送贡品）的方式来进行试探。当时的国君夏桀一怒之下调集天下各诸侯国的军队来讨伐商汤，伊尹对商汤说："夏桀还有一定的号召力，此时我们不宜跟他硬碰硬，我们先赔礼道歉吧！"

结果到了第二年，商汤依然拒绝上贡，夏桀又开始调动军队来讨伐他。结果没想到，很多诸侯国因多年征战，死伤惨重，百姓苦不堪言，因此拒绝了夏桀的请求，最后只有三个诸侯国来对战商汤，这时伊尹对商汤说："夏桀已经没有号召力了，且军队士气不高，如果此时我们诱敌，那么一定可以将夏朝的军队打败。"于是商汤联合其他诸侯的军队，取得了鸣条之战的胜利。

这个故事里的伊尹，就是利用夏桀的脾性，挑起了他的"好战心"，从而根据实际情况来揣摩出最佳的作战时机。这个故事揭示了这样一个道理：知己知彼，方能百战百胜。

很多时候，客户在购买商品时会有很多复杂的心理。其实他们买与不买，都在一念之间。如果此时能够揣摩透客户的心理，做到知彼，见缝插针，顺应他们的心理，说一些他们想听的话，那么成交的概率就会大大提升。

买与卖的"心理战"，应该怎么打呢？下面就教给大家一些实战方法。

8.2.1 用从众心理来促成销售

在传播学里，有这样一个理论：如果一个人的意见是属于少部分人的想法，因为害怕被多数的一方孤立或者报复，那么他可能不会表达出来，从而顺应大多数人的意见。这个理论被称为"沉默的螺旋"，其实就是社会上普遍存在的从众心理。

第8章 快速成交
微信朋友圈营销六大实用成交技巧

这种从众心理在很多客户身上都存在。比如很多客户看见别人买了什么样的鞋子,他也想买;别人换了新手机,他也想换;大家使用什么样的化妆品,她也要用;身边的人都在玩什么APP,他也会去下载一个……特别是在互联网时代,这种趋势愈演愈烈。如果你能够利用好客户的这种从众心理,相信你成交的概率会更大。

那么,怎样利用从众心理来促成销售呢?一个行之有效的方法就是借用"意见领袖"的效应。"意见领袖"就是团队中具有影响力的一群人,他们可以是某方面的专家学者,也可以是专业的媒体人士。总之,他们所带来的传播效力是巨大的。

如果能将自己的微信朋友圈推给这些"意见领袖",或者与他们展开合作,让他们为你做宣传,那么喜欢这些"意见领袖"的人就会受其引导,来关注你、了解你,甚至会积极主动地购买你的商品。

比如我身边就有一位利用名人效应的朋友。她和"意见领袖"合作后,收获了大量的微信朋友圈粉丝,提升了她微信朋友圈的成交率。

这位朋友在微信朋友圈经营她自己的红酒品牌,可是成交率一直都不是很高。她很疑惑,不知道该怎么办。后来她认识了一位网络作家,这位作家很喜欢她家的红酒。朋友在和作家交谈的过程中,得知这位作家在网络上小有名气,有很多粉丝,于是我的朋友就突发奇想,想借助这位作家的力量来宣传自己的红酒。

后来,她和这位作家达成了一个协议。这个协议的内容是:朋友免费送作家10瓶红酒,作家帮她在自己的写作平台上做宣传。这个协议实施后,很多慕名而来的粉丝找我的朋友下单,同时我的朋友在微信朋友圈晒出该作家推荐内容的截图后,以前那些犹豫的客户也纷纷来找她买红酒。

由此可见,假如你的微信朋友圈成交率遇到了瓶颈,可以借助"意见领袖"的效应,引发客户的从众心理促进销售。

8.2.2 用饥饿心理促使客户下单

传说古代有一位君王,因为吃尽人间的山珍海味,变得越来越没胃口,为此他很郁闷。后来,有一位御厨说:"这世间有一种天下最为美味的食物,但无法轻易得到,非要经过本人艰辛的努力不可。"于是这位君王立即决定和这位御厨去寻找这款美食。

君臣二人跋山涉水找了一整天,在饥寒交迫的夜晚,到达城外的一处荒郊野岭。就在此时,御厨将事先带在身上的馒头拿了出来,告诉君王:"这就是人世间最美味的食物,它的名字叫作'饿'。"君王看到馒头后,二话没说,狼吞虎咽地吃下了这个再平常不过的馒头,并且后来还把"饿"封为天下最美味的食物,这就是饥饿的力量。

有句歌词这样写道:"得不到的永远在骚动。"确实,在人们眼中,得不到的东西才是最好的,那些得不到的东西常常会让人魂牵梦绕。在现实生活中,就有很多商家故意调低价格给客户营造"供不应求"的假象,以此达到快速营销的目的。

在微信朋友圈里,你也可以充分利用客户的这种饥饿心理,营造这样一种氛围:该商品是极度短缺的,让他们意识到"购物危机"。如此一来,他们就会产生紧迫感,觉得自己再不下手,恐怕会来不及。你可以采用以下方法：

1. 用截止日期来营造紧迫感

一到相关的节日，各大淘宝店家都会推出商品的优惠活动。

这些优惠活动并不是一直都有，通常都会有一个截止日期，比如在双十一期间，商家就会把商品促销活动规定在 11 月 1 日至 10 日，超过这个期限，客户就不能再享受这个优惠了。

在微信朋友圈里，也可以规定商品的抢购截止日期，比如可以这样说："只剩最后五天了，快来抢购，抢完就没有了！"客户看到这样的字眼，往往会产生紧迫感，担心商品被抢光了，于是就会快速下单。

2. 让客户尝尝"后悔"的滋味

先来看一个案例：

护士美美工作之余，在微信朋友圈里看中了一条连衣裙，但是又拿不定主意买不买。当她终于下定决心购买的时候，那位商家却告知她没货了，这让美美很是后悔。

后来这位商家又出了一批连衣裙，美美又在当中看中了一条裙子，这回美美没有犹豫，直接快速下单，将这条心仪的裙子收入囊中。

这个案例中的商家就是让美美后悔了一次。这样做虽然损失了一次成交机会，却在一定程度上增加了美美对商家的信任，认为商家的促销活动是真实的，觉得商家并没有骗她，这也会让美美以后遇到心仪商品时，毫不犹豫地下单。

因此，可以在适当的时机让客户尝尝"后悔"的滋味，为下次的成交做好铺垫。

3. 限定具体数量

记得我曾经在一个APP上购买课程。有一次，这个APP推出了一个礼包，其中有很多我需要的资料，里面有实体书，还有线上课，但是这份礼包只有10000份，前10000名下单的客户才能获得这个定价1元的礼包。

于是，我专门设置了闹钟来抢这个礼包。据我观察，这场活动持续不到半小时就结束了，这也意味着，这个APP在短短半小时内就赚取了10000元。

所以，你在微信朋友圈营造饥饿氛围的时候，可以限定商品的具体数量，让客户觉得你的商品是"有限"的，自然而然地就会去快速下单。

需要注意的是，在营造饥饿氛围的时候，需要把握好客户的"饥饿度"，即在利用客户的饥饿心理进行营销时，需要确定市场容量和需求情况，了解有多少人对此感兴趣。如果人不多，那么就算你用了饥饿营销，也不会产生明显的效果。

8.2.3 用"新鲜感"促进成交

心理学有一条贝勃定律：当一个人经历过一次强烈的刺激后，后面再次产生的刺激对他就不起作用了，这是因为前面的大刺激能够弱化后面刺激所带来的心理感受，这样，经过多次刺激的人们就会逐渐丧失对某物的激情。

比如你买了一部新手机,第一天你会爱不释手,恨不得时时刻刻都拿着它;第二天,你会拿着它看电视、打游戏、逛淘宝;慢慢地到后面,你的心情会逐渐平静下来,习惯了新手机的存在,甚至手机一次又一次摔在地上你也不心疼,以及又开始渴望拥有另一款新手机。

由此可见,人们挣脱不了"喜新厌旧"的心理定势,总对新鲜事物抱有无限的幻想与期待。所以,在微信朋友圈里,可以通过打造客户的"新鲜感",来促使他们下单。

那么,这种"新鲜感"如何打造呢?

1. 提供免费体验的机会

要想获得更多的成交机会,就需要一个好的微信朋友圈口碑,而好口碑来源于客户对商品的亲身体验,也就是让客户自己判断商品是好是坏,然后再把这种体验通过各种平台传播出去。比如,客户在免费体验商品后,回去在微信朋友圈里发了这样一条动态:

今天我从×××那里获得了免费使用×××的机会,这是我使用之后的效果,分享给大家看看,效果是不是很棒!

当客户微信朋友圈里的朋友看到后,会对新商品产生好奇,于是也会产生"跃跃欲试"的想法。

其实,对于客户而言,这个免费体验的机会,已经让客户对商品产生了"新鲜"感和好奇心理,客户已经向你靠近了第一步。

2. 巧用商品展示的方法

一到春节前夕,各种各样的春节大礼包就纷纷在微信朋友圈出现,比如坚果大礼包、海鲜大礼包、糖果大礼包、饼干大礼包等。这种礼包就是一种产品展示的方法,它能够在一定程度上引起客户"围观",有效提升客户对商品价值的认同,从而激发客户的购买欲望,带动微信朋友圈的成交率。

除了线上的礼包展示,还可以在线下展示商品。比如在各大商场的进口处设立咨询点,将商品以实体的形式展现在来来往往的人流面前。如果有一个人对它感兴趣,就会上前咨询,其他人看见了,也会不由自主地去凑个热闹,瞧瞧大家到底在看什么。就这样,围观的人越来越多,等到线下所备的商品卖光之后,你就可以找准时机,让其他有购买意向的客户添加你的微信,直接在微信上下单,这样也在一定程度上带动了微信朋友圈的购物热潮。

8.2.4 用赞美,让客户在陶醉中下单

1921年,美国钢铁大王卡耐基发布了一条招聘启事,用100万美元聘请一位执行长。面对高薪,各行各业的精英都去竞争,结果,卡耐基在里面挑了一位不起眼的年轻人——夏布,许多人很疑惑,询问卡耐基为什么偏偏选择了他?卡耐基说:"我选择他的理由很简单,在你们所有人当中,他最会赞美别人,而这也是他最值钱的本事,也是这个职位所需要的一种能力。"

这个案例告诉我们这样一个道理:赞美是一种隐形的力量,用好赞美,你可能会获得成功。

因此,你与客户沟通交流时,可以恰到好处地对客户进行赞美。比如赞美客户的眼光,赞美客户对商品了解的专业度,客户听了你的赞美之后,心中会充满甜蜜感,认为你很会说话,你们之间的距

离自然也就拉近了。如此一来,你提出下单请求后,他们也不会轻易拒绝。

赞美一个人,是需要方法的,你可以从以下角度去赞美客户。

1. 客户的品位

你是否会有这样的感受:你的朋友看到你所买的东西后,夸赞东西很好,认为你买的东西都很有品位,你会不会有一丝丝成就感?这是因为在你心里,你会认为朋友对你做出了一个整体的肯定和认同。

所谓"品位",既是一个人内在和外在气质的直接表现,也是一个人知识水平和生活情趣的生动展示。所以,赞美对方有品位是一个很直接又不尴尬的方式。

所以,当客户在你这里挑选商品的时候,你可以对客户这样说:

这款商品是我们品牌的主打款,您可真有品位,一眼就相中了它!

或者当客户在微信朋友圈晒出商品的使用效果图后,你可以在客户的微信朋友圈里这样评论:

人漂亮,品位也高。

客户听到这样的话之后会很高兴,可能会立马儿在你这里预订下一款商品。

2. 客户的"专业度"

除了可以赞美客户的品位之外,你还可以从客户的"专业度"

上入手。客户的"专业度"就是指客户在某个领域的成就。对于他们而言,这是一个极高的评价,带给他们强烈的成就感。如此,你可以及时赢得客户的好感,让客户在陶醉中下单。

比如,你在赞美客户"专业度"的时候,可以这样说:

通过与您的交谈,我觉得您是一个十分专业的人。您能精确剖析商品的方方面面,对我们的商品做出一个客观的评价,也正是因为您这种专业客户的存在,我们才能做到不断进步。

客户听到这样的话,就会不自觉地对你产生好感,认为你是一个会说话的人,从而对你的商品"爱屋及乌"。

其实,和客户打交道的过程,就是一场心理沟通、心理博弈的过程。如果能揣摩透客户的心理,抓住客户的痛点,把话说到客户的心里去,相信你的成交率会有所提升。

8.3
学会人设搭建,加深客户对你的信任

在生活中,我们总能看到××明星人设崩塌的新闻报道。人设仿佛成为了一个贬义词,但是为什么还是有那么多的人去给自己建造人设呢?

8.3.1 人设搭建的重要性

史蒂芬·柯维曾在《高效能人士的七个习惯》一书中写道:"假如我们已经死了,我们希望来我们追悼会的人们说我们是个什么样的人,做过哪些事。那么这就是我们生命所要追求的东西。"

在社会中,每个人的角色不同,每一种角色都会带来不同的效应,所以,对于微信朋友圈的经营者而言,一个好的人设形象是至关重要的。

好的人设形象不是说有就有的,它需要你自己去搭建。比如,面试者在面试前,会搜集公司的相关信息,从而进行相应的打扮,修饰言行举止,其目的是为了将自己塑造成一个适合该公司、该岗位的人设形象,提升面试官接纳和认可自己的概率。

在微信朋友圈进行人设搭建,归根到底是为了让客户更好地了解你、知道你、信任你,毕竟客户在购买你的商品之前,最先接触的是你这个人。

8.3.2 选择一个合适的人设剧本

打造人设,你先得拥有一个合适的人设剧本。所谓"人设剧本",就是你在微信朋友圈所应展示的形象、发布的文案以及分享的内容。

人设剧本有很多,选择一个合适的却很难。你得学会审视自己,对自己的性格和优缺点进行分析,必要时还可以请其他人作出客观的评价。得出结果后,你可以拿着结果去和各种各样的人设进行匹配。你在进行人设匹配的时候,需要选择一些做得比较成功的人设,给自己设立一个长线的目标，比如"长文案写作"的安顿，"裂变大增长"的王六六，"新媒体运营"的坤龙等。给大家举个例子：

小王是名家庭主妇，为了赚钱补贴家用，她决定在微信朋友圈卖家乡的橘子。为了给自己建立好微信朋友圈人设，她找到了"柚子妹"的教学课程，进行付费学习。

从"柚子妹"身上，她找到了自己与她的一些共同点，比如她们都是学历不高的女性，但是又是十分勤奋和努力的人，并且小王和"柚子妹"一样，都很喜欢小清新风格，渴望把自己打造成一个淑女形象。

找到自己的长线目标人设后，小王就开始去打造自己的微信朋友圈花园，最后也靠微信朋友圈成功变现，让自己家庭的生活水平得到了提高。

这个案例中的小王就是借助现有的成功人设，来打造自己的微信朋友圈人设，最终获得了成功。

需要注意的是，借助别人的人设剧本，并不是简单的模仿与照搬，不然会引来"抄袭"的嫌疑，让客户对你产生反感。因此，你在找到匹配的人设后，需要对其进行全方位的分析，找出你可用的点，作为你自己人设剧本的素材，最后做一个整合，才能得出你自己独一无二的人设剧本。

8.3.3 演好你的人设剧本

记得娱乐圈某男星，因为不懂什么是知网，被网友揭穿其"学霸"人设,以至于遭到众多网友的质疑和斥责。由此可见,你在贩卖人设的时候,光有剧本不行,还得把剧本的内容演好,或者说努力让自己具备该人设所拥有的能力。以下有几种演好人设剧本的方法供你参考。

1. 与人设剧本的其他人保持一致

你可以仔细观察与你相同的人设有哪些特性,写下来与自身的对比。如果有些最基本的特性你是没有的,那么就要去下功夫补回来。比如,你想在微信朋友圈打造一个爱读书的人设形象,但是说到东野圭吾时,你却不知道他是谁,那么这个时候,客户就会觉得你的人设形象就很"打脸",对你就失去了信任。

2. 有一颗好学的心,不断充实自己

其实,演人设剧本的这个过程就是一个不断学习的过程。你为了丰满自己的人设形象总是会去各处搜集相关资料来进行学习。

你平时所看到的那些成功的微信朋友圈人设里,其实有一大批人并不是一开始就像微信朋友圈里所展现的那么完美,有很多都是通过后期的学习来修整的人设形象。所以说,演好人设剧本,你需要拥有一颗好学的心,不断地去充实自己,这样你所塑造的人设形象才会有所进步。

就拿"柚子妹"来说吧,"柚子妹"刚开始只是一个大专学历的微信朋友圈销售小白,可以说,她对于搭建人设没有任何的经验,但是她并未因此而退缩,而是不断地去找资料充实自己。比如她会付费报班,学习一些微信朋友圈的知识,经过自己的努力成为了微信朋友圈的销售达人,同时她也借此推出一系列微信朋友圈营销的课程,将自己塑造成一个讲师的人设形象,从而吸引更多客户来购

买她的课程，实现了变现。

"柚子妹"的亲身经历告诉我们：任何人设剧本都是可以演好的，只要你付出努力，勤奋好学，不断充实自己，你一定可以演好你的人设剧本。

8.4
做好服务，把客户的"我想要"变成"我需要"

随着社会的不断进步，人们的收入在不断提高。在很多情况下，客户要的不仅仅只是一个商品，更多的是商品带来的特定和个性化的服务，这也正好印证了"顾客就是上帝"那句话。

美国哈佛商业杂志发表的调研报告指出："公司若能降低5%的客户流失率，就能增加25%～85%的利润。"由此可见，客户之所以不和你成交，很大一部分原因在于你的服务质量。

记得我曾经在微信朋友圈看中一款项链，当时是很想买的，我也主动和商家交流了，询问了商品的价格等相关信息。但是我每次给这位商家发消息后，他都很长时间以后才回复我，而且每次回的消息都很简短，最多不超过一行字，这让我有些不爽，干脆打消了买项链的念头。

从我这个案例中，可以看到，如果服务质量不好，就算客户很想要你的商品，也不会与你签单。

因此，要想实现微信朋友圈里的快速成交，需要做好微信朋友圈的服务，其具体方法有以下几个方面。

8.4.1 耐心对待客户的琐碎问题

客户在购买商品之前,通常都会对商品做一个全面的了解,但是他们通常不会一次把自己的问题说完,而是想到什么问什么。只要有一个问题回答得不好,就可能会让客户感到不满意。因此,你需要"随时待命",对客户的每一个琐碎问题都要做出细致的回答。一起来看两个案例:

案 例 一

客户:你家苹果甜吗?

商家:甜。

客户:那现在有货吗?

商家:有的。

案 例 二

客户:你家苹果甜吗?

商家:你好,上一批客户买了之后都说很甜,每个人的口感不一样,但这个的确比超市里卖的要好吃很多。

商家:如果你吃了觉得不甜,我可以补钱给你。

客户:那现在有货吗?

商家:如果现在下单,今天就可以给你发货。

商家:最近有点儿爆单,有点儿忙不过来,顾客都说买苹果都得趁早呢!

显而易见,这两个案例中的商家差别很大,一个回复的文字比客户都少,另外一个则显得很热情,这种情况下,客户通常都会毫不犹豫地选择后者。

因此，你在与微信朋友圈的客户进行沟通的时候，千万要保持耐心。在回答客户问题的时候，尽量详细地为客户解答疑惑，同时你可以连续两条消息回复客户，表示你的重视，这样会让客户感受到你的热情，会觉得你是一个靠谱的人。

8.4.2 拒绝做"机器人"或"客服"，做一个有温度的人

有很多商家为了节省自己的时间，通常会在微信设置关键词自动回复，就像一个机器人，别人问什么，就回答什么，给人一种冷漠感。比如：

客户：请问你这里卖水果吗？

商家：欢迎您进入×××水果之家，这里有各种各样新鲜的水果，您吃过或没吃过的我们这里都有。如您想要订购水果，请在对话框内输入关键词，如"香蕉"，谢谢您的配合。

客户：香蕉。

商家：目前×××水果之家的香蕉库存量为×××，订购香蕉请输入1，进入数量预定和付款的界面，谢谢您的配合。

客户：请问你们香蕉的口感怎么样？发货方式是怎样的？

商家：已为您转接1号客服，请稍等。

……

这样机械的对话方式虽然效率很高，但毫无人情味，会让客户觉得你很冷漠，在潜意识里就会认为你不重视与他的交易，少他这

一单也无所谓，于是就会主动退出聊天对话框，将你拉黑。

因此，在微信朋友圈里做一个有温度的人，坚持用心去发微信朋友圈，与客户真诚互动，时时刻刻为客户着想，用自己的真情实意去打动客户，从而全身心地让客户体验服务快感。

"争取一个客户不容易，失去一个客户很容易。"如果因为服务质量而失去客户，其实是很不划算的，所以，做好服务才能真正把客户的"我想要"变成"我需要"。

8.5
花式促销，实现快速成交

想要在微信朋友圈实现快速成交，除了依靠自己的人设形象，还需要加点儿催化剂——促销活动。

下面我们就来仔细说说怎样把微信朋友圈的促销活动玩出花样，从而达成快速成交的目的。

8.5.1 巧用节日进行促销

中国一年的节日有很多，比如国庆节、中秋节等，这些节日大部分都是喜庆的，让人充满期待。这种喜庆的氛围，很容易让人们产生消费热情，会为自己或者家人购买一些东西。

因此，对于利用微信朋友圈变现的人而言，节日是一个很好的销售契机。假如能够充分抓住人们对于这种节日狂欢的消费心理，就能够促成大量的成交,并且还能提升你的微信朋友圈人气,为后面的营销打下坚实的基础。

但是,在节日里,同类竞争者会有很多,要想突出重围,你需要做到以下几点。

1. 将商品与节日巧妙结合

假如你的商品是保温杯,那么在情人节前夕,你可以发这样的微信朋友圈:

情人节就要到了,买下这款杯子,给她一辈子。

到了母亲节前夕,你还可以这样发:

用持久的保温,来温暖母亲的心。

这样的文案就给商品赋予了节日的意义,给了客户一个购买理由。

2. 在线上和线下晒出特价

没有特价,就不能算是促销活动。这是因为价格始终是大家关注的因素之一,如果一件商品低于平常的价格,那么可能会引发抢购热潮。

我家楼下的一家超市选择了在元旦那天开业,超市内所有的商品都标上了特价,很多商品的价格都远低于其他超市。那几天,光顾这家超市的人特别多,进去买一趟菜,都要花费半个小时才能挤出来。

由此可见，特价活动是很吸引人的。不管你是做线上特价，还是线下特价，特价活动都会给你带来超高的人气，让圈子里的人都能记住你。

8.5.2 巧用折扣进行促销

说到特价，就必定会说到折扣，有时候，折扣会比特价更加吸引客户。

那么，在进行微信朋友圈的打折促销活动之前，需要做好哪些准备呢？

1. 找好理由再打折

很多人会存在这样一个误区：认为只要决定了打折，在微信朋友圈发布一条打折信息，那么就能收到很好的促销效果。其实不然，如果你没有一个合适的理由来发布打折消息，那么客户可能会觉得这条消息"名不正，言不顺"，怀疑你突然打折，是不是商品质量出现了问题。

由此可见，你需要找好理由后，才能发布打折信息，这样才会避免让客户认为你的打折促销活动只是一个噱头。从而让他们知道，这确实是一个实实在在的优惠活动。

2. 折扣商品要选好

做折扣活动是为了赚取更多的收入，如果你把不应该打折的商品打了折，那么搞不好就会赔本。因此，只有在选好折扣商品后，才能在微信朋友圈做折扣活动。

那么，怎样选择折扣商品呢？

首先，选择库存量大的商品，正是因为商品的库存量大，其带来的销售压力也很大，所以，这类商品是打折的首选。

其次，选择新产品。因为客户对新品并不熟悉，所以需要用一定的折扣来吸引客户的注意，这样当新品的销量上升到一定程度后，就可以恢复到原来的价位。

3. 定好折扣范围

打折活动并不是甩卖活动，在保证自己不亏本的前提下，给出一个合理的折扣范围，这样，既能够吸引到客户，也能帮你营造活动效果。

以保温杯为例，平时保温杯的折扣力度可以保持在 9～9.5 折，在促销期间，你可以将总体折扣控制在 7～8 折。对于那些积压了很久的商品，你可以把折扣降到成本价，这样能为你减少库存压力。

8.5.3 巧用礼品进行促销

现在有很多商家在开展营销活动的时候，都会用小礼品去俘获人心，但是有时候这种效果也不尽如人意，不买的客户还是不会买，为什么这样呢？怎样做才能让小礼品发挥"四两拨千斤"的效用呢？

1. 礼品要有品位

记得我有一次在微信朋友圈里看到一个送礼品的促销活动，点进去一看，送的礼品居然是很廉价的一个小挂件，看起来粗糙又很俗气，于是瞬间就失去了查看别人微信朋友圈动态的兴趣。

因此，在选择赠品的时候，需要有一定的品位，而且这个品位要迎合微信朋友圈的大众。因为大众的品位才是主流，礼品才有可能被主流接受，为你带来巨大的促销收益。

2. 礼品要货真价实

很多情况下，商家在用小礼品进行营销的时候，都会在微信朋友圈里发一张图片，或者说明小礼品的价格。如果客户收到你的小礼品后，发现是"三无"商品，觉得自己被你忽悠了，会瞬间失去对你的信任。

礼品的质量能够提升对商品的评价，也会为商家赢得可贵的声誉。所以说，你在利用礼品进行促销时，要保证其质量，让客户感觉到礼品的"货真价实"，这样才能赢得客户的信任，从而成为你的"回头客"。

3. 礼品要有新意

现在，各个商家都会采用赠送礼品的方式来吸引客户的注意。在客户眼中，他们见过很多的礼品，对于赠送小礼品的形式也见怪不怪了，因此，要想在众多礼品中吸引到客户，你需要让礼品具有新意。

比如可以选择一些新颖的小礼品，让客户眼前一亮，感受到你的与众不同，继而喜爱上你的礼品，在之后的日子持续关注你和你的商品。你还可以围绕"商品的稀缺性"来做文章，从而让客户产生关注欲望。

记得我有一次在淘宝上买了一件衣服，这个店家送了我一个小礼品，令我印象深刻。那个礼品是一个古装发夹，虽然很小，但很精致，透出一种浓浓的古风。我觉得这个礼品很有新意，还发了一条微信朋友圈，后来居然有朋友来找我要链接，我说这是买衣服送的，于是她们也去买了这件衣服。

从这个案例中，我们可以看出，礼品是否有新意，是吸引客户注意力的一个关键。

8.5.4　巧用微信红包进行促销

2014年，腾讯推出的"微信红包"功能上线之后便迅速流行开来。腾讯2014年的数据显示，从除夕到大年初一，参与微信抢红包的用户超过500万，抢红包次数达到7500万次以上。

2014年4月14日晚，腾讯应用宝发起了一个"应用宝5亿现金大派送，扫红码100%得微信红包"的活动，用户只需扫应用宝提供的红色二维码，按照流程安装腾讯应用宝，就可以收到真实的微信红包。这个扫码得红包的活动吸引了很多用户的参与，于是腾讯应用宝的下载安装量大量提升，不仅增加了该APP的知名度，还收获了大量的新用户。

由此可见，红包对于客户的"诱惑力"还是极大的。对于微信朋友圈的经营者而言，微信红包就是一个很好的促销手段，你可以在进行促销活动时，用微信红包作为"诱饵"，吸引客户的注意力。比如你可以这样设置你的促销活动：只有当客户购买或使用你的商品之后，他才能有机会领到50～500元不等的微信红包。对于那些蠢蠢欲动的客户来说，50～500元红包的诱惑是极大的，他们会在红包的驱使下去下单你的商品。

第 8 章 快速成交
微信朋友圈营销六大实用成交技巧

8.6
心机晒单，再犹豫的客户也会跟着"剁手"

在微信朋友圈里，总是会有一类客户在默默潜水，喜欢你微信朋友圈里的商品，但就是不买。碰到这类客户，你可以采用心机晒单的方法，让这类客户心动，从而跟着"剁手"。

你既可以借助客户的力量来晒单，比如与客户的聊天记录、顾客反馈，也可以借助"三方"力量来晒单，包括品牌背书、服务进度以及个人收入，从而让你的晒单内容有"心机"。下面我就来向大家介绍这些内容到底该怎样晒。

8.6.1 借助客户的力量来晒单

聊天记录一般都是以手机截图的形式呈现，你在晒聊天记录的时候，需要注意以下几点：

第一，不要出现刻意的引导性话语，要学会循序渐进。你所说的话要符合日常的沟通习惯，用图文搭配和软广的形式，在潜移默化中给别人"种草"。

第二，不要出现大规模的马赛克。大规模的马赛克很容易让客户觉得你在隐瞒什么，会觉得你不够真诚。

第三，要注意保护客户的隐私，在晒聊天记录之前，询问一下客户，对于一些敏感信息可以适当打码。

第四，聊天记录不要用语音，文字内容尽量简洁。虽然现在微信语音能够转换成文字内容，但如果你的普通话不标准，就会导致转换的文字内容有所偏差，所以，尽量还是使用文字的方式来和客户沟通。所展现的文字内容要简洁明了，不要是长篇大论的那种聊天截图，否则会让客户反感。

第五，可以适当地晒一些顾客反馈，比如客户对你的好评：

×××，我妈用你家的艾草足贴之后，身上的湿气比以前好多了，她问你这里还有没有货，如果有的话，她让我在你这里买一箱囤着。

这种好评价能够从侧面提升客户对你的信任度，能够在一定程度上打消客户的疑虑。

除了晒好评，你还可以晒差评，用"以退为进"的方式来打造卖家好人设，比如：

客户："亲爱的，这个香蕉坏了。"

你："抱歉啊，快递运输会有些粗暴，还有其他坏的吗？我根据数量给你补钱。"

客户："没有了，只有这一个。"

你："那好，我给你转账。"

……

在微信朋友圈向广大客户展示你面对差评的态度，会让你显得更加真诚，也会让客户心里产生这种想法：看来以后我遇到这种情况，他也能帮我处理好，不让我的利益遭受损害。

在这里，给大家提供应对顾客差评所采用的方法：

首先，面对客户的差评，你不能逃避，态度要诚恳，先给客户道歉，安抚好客户的情绪；然后，询问商品的破损情况，给顾客一个充分的信任；最后，为顾客提供一个解决方案。

8.6.2 借助"三方"力量来晒单

所谓"三方"，指的就是品牌背书、服务进度以及个人收入。下面具体说说怎样利用这"三方"的力量。

1. 品牌背书

所谓"品牌背书"，就是借助第三方的信誉，用明示或暗示的方式来对原先品牌进行肯定。

比如，可以借助产地的优势，在微信朋友圈里这样写你的文案：

今年是我帮家人卖苹果的第五年，这五年里，回购的客户非常多。

前方高能宣布：产自山东烟台的苹果，马上就要上市了，千万不要错过。

众所周知，山东烟台苹果的栽培历史悠久，口感清脆，甜分很足，在地理上就比其他地方的苹果更有优势。同时你还可以借助名人的效应，比如在微信朋友圈晒出与名人的对话记录，从而为你的品牌做背书。

2. 服务进度

有时候在客户面前营造一种火爆的局面，会让客户产生购物欲望。这种火爆的局面，你可以通过照片或"视频+文案"的形式来打造。

比如可以挑选打包好的货物的照片，然后再搭上这样一段文案：

新鲜的甜心苹果已经断货几天了，昨天货一到，我和工作人员连夜打包、写快递，非常得力，一单又一单，让我看到了前方的曙光。

这样晒单就间接暗示顾客：这个商品很受欢迎，如果你不买，就亏了。

在微信朋友圈展示这种服务进度的时候，也会让那些已经下单的客户放心，让他们看到你的整体服务进度，了解你的工作进展，从而对你产生信任。

3. 个人收入

现实生活中，大多数人对挣钱还是比较感兴趣的，所以，你可以在微信朋友圈晒个人收入的截图来吸引客户。但是你在晒个人收入的时候，需要注意以下两个方面：

不要晒太大的金额，晒太大的金额可能会招来一些人的妒忌，所以，可以晒一些正常金额的收入来避免这种情况的发生。

不要频繁晒个人收入，如果你经常在微信朋友圈晒自己赚了多

第 8 章 快速成交
微信朋友圈营销六大实用成交技巧

少多少钱,会让别人觉得你在炫富,久而久之会对你产生反感,将你拉黑。

虽然给大家介绍的是一些"心机"晒单法,但是,你在晒单的时候,需要坚持以下原则:

第一,不要造假。假的晒单内容会让你的口碑一落千丈,迅速流失大量的客户。

第二,抓住重点。没有重点的晒单就像"无头苍蝇",只会乱撞,最后也撞不出什么火花。

以上就是我推荐给大家的心机晒单方法,希望当大家面对犹豫的客户时,这些方法能够真正帮助到你。

微信朋友圈里最后的成交环节,就像足球赛里球员最后的"临门一脚",如果你能踢好这一脚,那么你所打造的微信朋友圈品牌"花园"一定会取得成功,实现变现!

第9章

五大变现法，教你掌握朋友圈的升值秘籍

微信朋友圈运营的终极目标是实现流量的变现。微信朋友圈变现的方式有很多，其中使用最广、效果最好的主要有广告变现、团购变现、引流变现、会员变现、代理变现五种。在现实的微信朋友圈运用中，如果你能给掌握好这几种变现的技巧，那么，你就掌握了在朋友圈赚钱的秘籍。

9.1 广告变现：最直接的变现方式

广告的历史源远流长。随着社会生产的逐步发展，广告的方法与形式也在逐渐演进，从最开始的叫卖广告到实物广告再到文字广告，广告这种宣传形式一直被过去人们所喜爱。现代广告的形式也丰富多样，如音响广告、悬物广告、旗帜广告、招牌广告、印刷广告等。

对于营销者而言，宣传自身最直接的方式就是广告。通过广告，客户能够全面了解各种商品的品牌、用途、性能和使用方法，从而起到传递信息的效果；好的广告，能起到提起客户购买兴趣的作用，从而激发客户的需求；大规模的广告能在竞争激烈的市场中提高品牌的知名度；实际上，好广告是一件精美的艺术品，能够增加人们精神上美的享受。

只要是有流量的地方，就能投放广告。微信朋友圈作为一个原生广告平台，不管是商品量级还是调性都非常不错，这也让许多品牌看到了商机，纷纷入驻微信朋友圈平台，希望通过微信朋友圈，为自己的商品插上爆红的翅膀。因此，想要微信朋友圈变现，可以借助广告的力量。

第9章 变现法则
五大变现法，教你掌握朋友圈的升值秘籍

9.1.1 微信朋友圈投放广告的优势

在浏览微信朋友圈动态的时候，会有这样的广告出现在你的眼前，如图9-1所示，虽然出现的频率不是很高，但是能给你留下深刻的印象。这种在微信朋友圈投放广告的优势主要有以下几个方面。

图9-1 朋友圈的投放广告

1. 精准到达

微信朋友圈广告在投放的时候会根据人群进行分类，因此，这种广告只会推广给目标受众，这样也间接提升了广告投放的精准性。

2. 原生性强

微信朋友圈投放的广告大多是原创内容，给客户的体验感较好。

3. 互动性强

客户看到广告后，有什么疑问，可以直接在广告下面进行留言互动。

4. 及时追踪

企业和商家可以实时获取广告的投放效果，从而及时调整广告的创意。

5. 用户量大

只要是移动互联网的用户，几乎每个人都能够收到投放广告的推送，因此，其广告的覆盖率是很高的。

9.1.2 微信朋友圈广告投放的形式

归纳起来，微信朋友圈广告主要有以下五种投放形式：

1. 图文类

图文类的投放广告主要包括外层文案、外层图片、文字链这几个要素，是最常见的广告形式，其外层文案一般在图片的上方。

2. 视频类

视频类的投放广告主要将广告的外层图片换成了外层视频，支持5秒与15秒这两种时长类型的视频。

3. 基础式卡片型

这种类型的广告与图文类的略有相似，其文案内容在图片的下方，和微信公众号推送消息的展现形式有些类似。

4. 选择式卡片型

选择式卡片型是基础式卡片型的升级版，在广告界面上，多了两个选择的按钮，这种方式更利于互动，让商家直接了解受众的意愿。

5. 广告主互动型

这种类型的广告适用于所有的微信朋友圈广告形态,其主要包括三个部分：功能入口、用户 @ 广告主并评论以及广告主回复。

9.1.3 微信朋友圈广告投放的实操方法

了解投放广告的基本内容之后,接下来就是投放广告的实操方法。具体来说,微信朋友圈广告投放可以分以下两步进行。

1. 投前准备

搜索"微信广告助手"小程序,点击"投放广告"按钮,用你的个人微信号登录,填写相关资料：头像、名称、宣传语、营业执照、法定代表人身份证以及行业资质,从而通过商家认证的环节。

2. 创建广告

通过认证后,在创建广告的界面,设置所要发布的素材,可以实时预览广告效果。同时你还可以自定义优惠内容,如：满减消费、赠送礼品等。最后,可以设定广告的投放时间、投放人群来预估广告的投放效果。

9.1.4 广告内容制作的实用方法

广告变现,光有投放广告的形式还不够,还需要有充实的内容,接下来为大家介绍一些微信朋友圈广告内容制作的实用方法。

1. 在场景中植入广告

通常,微信朋友圈在植入广告时,或多或少都会借助场景。我在微信朋友圈里曾看到过一条 KOL 作为主角的广告视频,内容是这样的:拍摄场景最初是在门店外,随着画面的缓缓移动,拍摄场景由外转内,然后出现了一位帅气的小哥,在门店内不停地换装,且每一件衣服上都能看到××品牌的标志。这种在广告视频中出现品牌商名称或者 LOGO 的做法,便是借助场景植入广告,让人们在观看广告的同时也能看到品牌名称与商品。

2. 在广告中直接展示商品的优越性

如果商品自身带有较高的话题性,新颖有趣,则可以直接在微信朋友圈广告中展示商品的优越性。

假如要展示的是一个具有升降功能的火锅,商品本身就很新颖奇特,如果你能在微信朋友圈用视频广告的方式展现它的使用方法,那么客户会有这样的反应:"哇,还有这样的火锅神器,以后吃火锅再也不用拿着勺子在里面捞来捞去了!"

正因为此火锅自带话题,又区别于市面上那些普通的火锅,所以在广告中直接展示商品的优越性,便能在短时间内引来大批用户围观,吸引他们的注意力。

3. 在广告中将商品的制作过程展示出来

品牌商家要想借助微信朋友圈推广自己的商品,那么在制作广告时不妨另辟蹊径,比如可以利用视频的形式将商品的制作过程展示出来。这样既可以引起用户的兴趣,也能让用户直观感受到商品的制作过程、环境卫生等情况。例如餐饮类、手工制作类等商家就适合用此方法。

4. 着重突出商品的特性和卖点

在制作微信朋友圈广告时,要想让广告内容吸引眼球,也可以着重宣传商品的特性和卖点,以此来吸引那些有需要的消费人群。假如商品是汽车,那么就可以从汽车的"内置空间"入手,广告文案可以这样写:

> 经过实验证明,这辆汽车能塞进12个人!

一辆车能塞进12个人,难道不能说明它的内置空间大吗?当然能。如此一来,便能给用户留下深刻的印象,吸引有需要的人群购买。

5. 贩卖情怀,悲情营销

既然是贩卖情怀,悲情营销,那么这类广告在制作时便需要两个人互相配合,用真实的对话去展现人物与商品的真实性,获取用户的好感与同情,增强用户的信任。

一个面对大量滞销柑橘农村商户,可以采取拍摄的方法来进行悲情营销,可以在视频广告里拍摄家里堆积如山的柑橘,也可以把家里贫困的一面展示给大家,或者用两人对话的方式来勾起客户的同情心。

尽管这种贩卖情怀、悲情营销的变现方式在人们看来有作秀的嫌疑,但不可否认的是,悲情营销的方式还是能取得了不错的变现效果。

6. 创新思维,挖掘产品的其他用途

除了以上几种微信朋友圈广告的制作方法外,微信朋友圈运营者还可以运用创新思维,深入挖掘商品的其他用途。

假如你的商品是一个马桶塞,那么,你可以发散思维,思考马桶塞是否还具有其他功能。比如马桶塞的作用可不仅仅止步于小小

的卫生间,它还可以轻松跨界,只需与热水相结合,便可以吸出部分车型的凹陷之处(只限轻微),轻松解决用户的烦恼。如此创意既向用户展示了商品,也让用户加深了视频印象,又促进了消费,可谓一举三得。

9.1.5 提高微信朋友圈广告变现能力

对于微信朋友圈运营者而言,制作广告的目的其实非常明确,就是为了变现。从这个角度而言,衡量微信朋友圈广告成功与否的一个关键因素便是这个广告的变现能力。那么,有没有方法可以有效地提高微信朋友圈广告的变现能力呢?

答案显然是肯定的。下面,我就将和大家共同来学习提高微信朋友圈广告变现能力的三大方法。

1. 品牌内涵与微信朋友圈广告内容必须契合

发布微信朋友圈广告的最终目的是向用户传递商品信息,有针对性地向目标客户进行推广。基于此,微信朋友圈运营者在制作广告时,内容一定要与品牌内涵相契合,最好是与广告中的场景、剧情融合在一起,只有这样广告植入才会取得一个好的效果。

例如,电影《疯狂动物城》的广告植入就做到了这一点。不管是在其宣传海报中还是电影情节中,虽然苹果、普拉达、耐克、星巴克等商品和 LOGO 经常出现,但观众却并不觉得突兀,因为它们与剧情、场景巧妙地融合在一起,显得十分和谐。

2. 运用幽默,让微信朋友圈广告充满笑点

通常,微信朋友圈广告植入过多或者过于明显,会让观众产生厌烦情绪。如此一来，就会降低用户对商家的好感。但广告变现，少不了要植入广告，那就不妨采用幽默式植入。运用诙谐幽默的方法，让广告充满幽默感和趣味性，最好是能出现一些让用户记忆深刻的笑点，就能让观众自然而然地接受广告植入。

例如，电视剧《十里春风不如你》中大宝的植入广告，就诙谐幽默充满笑点，"冲你脸大，再给你瓶大宝"这句广告台词不仅引得观众捧腹大笑，也避免了观众对广告植入的反感。

3. 突出创意

经常刷微信朋友圈的人可能会注意到，部分微信朋友圈的广告推广非常普通，没有一点儿新意，以为在广告内容中出现品牌图案或LOGO就可以吸引用户的关注，实现广告变现。其实不然。任何时候，创意都是价值的保障，是平台和商品实现广告变现的关键。好的微信朋友圈广告必须独具创意，更要与广告内容相契合。要在符合平台要求的前提下，用最佳的表现形式来突出商品的特性，才会吸引到更多的流量与用户的关注，实现微信朋友圈广告变现。

9.2 团购变现：用团体力量带动微信朋友圈变现

"众人拾柴火焰高。"在微信朋友圈，可以借助团体的力量来进行变现活动。

事实上，团购是一种集中型的短期促销，常见的团购方式分为社群团购和快闪团购。社群团购的作用在于能有效地建立用户习惯，其举行周期为 1～3 个月；快闪团购是一种即开即散的团购，其举行周期为半个月一次。

这两种团购形式的变现效果都是极好的，要想发挥其变现效果，需要做好以下几个环节。

9.2.1 团购启动

启动团购，你需要做好以下几个方面。

首先，要制定一个合理的分销规则说明，将团购的分成比例、奖励机制、兑现方式都要说得清清楚楚，比如可以制定"买一单返一单"的规则。

其次，组建群助手，招募分销伙伴，采取分工合作的方式，让其他人帮你分担压力，活跃气氛，增加交易量。

再次，要做好话术的统一。话术要清晰明了、通俗易懂。比如你卖的是茶叶，那么你们的话术可以这样统一：

@所有人

1. 我们的茶叶一年卖几次？

一般一年卖两次，第一次是在 3—5 月，主要卖的是春茶；第二次是在 9—11 月，主要卖的是秋茶。

2. 茶叶可以保存多久？怎么保存？

一般可以保存半年左右，用密封的袋子装好茶叶，不产生漏气的现象就可以。

3. 春茶和秋茶有什么区别？

相对于秋茶，春茶的口感会更好一些，春茶的价格自然也会略高一些。

这样统一话术之后，团购的效率会有所提升。

最后，你要做好团购的预热，利用一些福利为正式开团做好相应的铺垫。

在启动团购的时候，你可以先让几个熟悉的好友建立一个助手群，与团购群分离，熟悉团购的基本流程，这样才能保持同步沟通，不会手忙脚乱。

9.2.2 正式开团

开团是整个团购活动的核心环节，要想让团购活动顺利进行，需要做到以下几点。

1. 信息发布

在发布团购信息的时候，可以采取这样的文案呈现形式：

朋友来求助，说暑假快来了，熊孩子准备出动，让我组织玩具团购。

这一次准备来点新花样，试试团队快闪，人越多价格越低，有兴趣请发送"1"。

先用一个场景进行铺垫，再用评论区留言"1"的形式来了解客户的需求量。

2. 建群招人

用群来聚集团体，随着新人不断入群，你可以在人数满足××人之后公布团购规则，发布分享的具体时间。

3. 开团分享

开团分享的时候，首先要做一个主题的分享，让客户知道你的团购活动是卖什么的，然后再进行一些团购的细节说明，如果遇到客户提问，你可以进行答疑。

在开团的时候，需要注意以下事项：

第一，入群的成员需要经过群主的审核才能够进入，以防一些借此打广告的人混入其中。

第二，在群里分享相关信息的时候，需要开启禁言功能，避免分享的消息被其他信息刷屏而看不见，等消息发布一个小时后，再关闭禁言。注意，在你发布的分享内容中，需要表明如果有客户需要咨询，可以添加你的微信进行私聊。

第三，分享的时间不宜过长，如果时间过长，会让群里的客户产生疲惫感，甚至有些客户会觉得自己被打扰。

9.2.3 "升华"团购

为了让团购发挥更多的效用，需要对团购做一个"升华"。这个"升华"主要分为答疑、接龙下单、发红包、复盘、收尾这几个环节。

1. 答疑

在进行团购答疑的时候，肯定会碰到很多爱挑刺的客户，你只需要真诚地去对待每一个疑问就能很好地化解客户对你的考验。

2. 接龙下单

所谓"接龙下单",就是团购活动的重要信息以"接龙"的形式呈现,比如下面这个案例:

@所有人

大家可以在我们有单的时候,先在群里接龙,这样可以统一下单,方便又快捷,接龙了:

(1)苹果5斤

(2)西红柿3斤

(3)土豆6斤

(4)新鲜牛肉10斤

……

(20)白菜7斤

还有需要下单的朋友直接在群里接龙,我们会统一收集信息,尽快为您发货。

接龙下单的形式可以帮你的团购活动省下更多的时间。

3. 发红包

在群里发红包其实是为了缓解团购的营销气氛,潜移默化中拉近与客户的距离,从而活跃团购活动的氛围。

4. 复盘

在团购活动里,复盘也是极其重要的。有复盘才有成长,你需要对群里的一些优秀者进行表扬,让客户拥有成就感。同时对自己的团购活动做出总结,看清自身的不足之处,从而不断进步。

5. 收尾

"天下没有不散的筵席。"团购活动也是一样，到了解散的时候，也要"善终"。可以在群里公布解散的具体时间，再作一些干货分享，为下次的团购活动做好铺垫。

在"升华"团购的过程中，还可以在群里分享一些转账截图，让客户充分了解你的人气，从而促使他们下单。

9.2.4 团购服务

团购服务也是团购活动里的一个重要环节。如果服务不能跟上，就会产生客户流失的现象。怎样才能做好团购服务呢？

1. 跟进售后服务

为了提升团购的售后服务水平，你需要向客户主动发送快递单号，并且询问客户的收货情况，跟进客户的动态，不能团购活动结束后就不管客户了。

2. 售后处理方式

当遇到客户反映数量不足的时候，你需要给客户退款，或者用红包来安慰客户；当客户反映发货慢的时候，你需要打电话给物流公司，为顾客提供最新的物流进度，并催促物流公司尽快运输；当客户反映发错货的时候，你需要及时给客户退换商品，并且承担相应的邮费。

在服务的过程中，需要注意以下两个点：一是在给顾客发送快递单号的时候，注意不要发截图，要发具体单号数字给客户，这样方便客户粘贴查询物流信息。二是货物有破损的时候，不要说赔钱、赔货，应该说补货。

总而言之，在微信朋友圈里，个人的力量总是渺小的，要想在激烈的竞争中胜出，还需借助团体的力量，用团购来带动微信朋友圈快速变现。

9.3
引流变现：在微信朋友圈之外实现巨大变现

做微信朋友圈的终极目的就是实现流量变现，关于这一点，相信大多数的微信朋友圈运营者都有同感。然而，在运营中，我们不得不面对的一个现实是，虽然如今玩微信朋友圈的人千千万，可是真正能做到流量变现的却屈指可数。

前文我们已经分享了许多微信朋友圈变现的方法和技巧，但这些方法基本都是立足于微信朋友圈本身去进行的，是在微信朋友圈里的直接变现。事实上，当我们通过微信朋友圈聚集了大批粉丝、拥有了人气基础后，在微信朋友圈之外同样也可以实现引流变现。

本节将分享一些在微信朋友圈之外实现引流变现的常见做法。

9.3.1 微信朋友圈 + 实体店铺

利用"微信朋友圈 + 实体店铺"这套组合拳来引流变现最好不过。但是这种做法不适合刚开始做微信朋友圈运营的店家，因为这个阶段粉丝比较少，商家应以高质量的微信朋友圈内容去吸引大量用户。等到沉淀了大量粉丝之后再推荐店铺，引流的效果会更好。

那么，商家应该如何引流呢？

1. 直击粉丝痛点

好的微信朋友圈内容可以吸引用户关注，但是要将用户转化为客户还需要直击粉丝痛点。比如健身房的微信号，可以经常发布健身、减肥、增肌等内容，或从专业角度揭示减肥技巧，或用有趣的方法进行健身前后的对比，总之，就是想方设法激发粉丝健身的想法，积累一段时间，有固定的粉丝之后，再加上健身房的信息，引流变现。

2. 回复粉丝评论

在你所发布的内容里，你可以经常查看评论，筛选有购买意向的粉丝，回复感谢的同时加入自己的店铺信息，让粉丝直接搜索店铺，购买微信朋友圈推荐的商品，实现引流变现。

3. 在个人签名中加入店铺信息

个人签名是一张很好的"名片"。在名片里加入你的店铺信息，客户看到后，如果某一天逛街的时候看到了你的店铺，那么他可能会有兴趣进去逛逛。

9.3.2 借助微信朋友圈的传播效应推出衍生品

很多人在微信朋友圈里销售的不是实体商品，而是自己的才能或者技能的衍生品。研究表明，很多微信朋友圈在出现之初并不是奔着盈利的目的来的，而是想要展现自己擅长的东西，比如流利的英语朗读、高超的绘画技能、有趣的PS制作等，当内容优秀时便会吸引大量的粉丝关注。

当有了粉丝关注后,他们便想拥有进一步学习的机会。此时微信朋友圈运营者便可以借助"微课",教大家说英语、学画画、学PS等。通常这些学习内容并不是三言两语或短短的一段视频就能讲解清楚的,需要制作成系列视频课程来详细讲解,而这些系列课程就是能够赢利的衍生商品。

比如"柚子妹"在微信朋友圈实现变现后,就有了很多微信朋友圈营销的方法和经验,所以,她就把自己擅长的东西制作成一系列的视频课程来售卖,比如在创业邦、知识星球和轻社群里都能看见她的课程。这些课程需要付费之后才能收看,因此,这种"微课"也就成为了"柚子妹"微信朋友圈引流变现的衍生品。

如果衍生品适合量产,在微信朋友圈里的引流变现就非常稳定了,稳定之后你还可以开通网店,推出属于自己的品牌,实现价值最大化。

总而言之,引流变现的方法多种多样,除了本节所讲的常见方法之外,大家可以结合自己的情况进行更深入的研究,找到最佳的引流变现方法,在微信朋友圈之外实现变现,提高自己的收益。

9.4
会员变现:提升客户忠诚度,实现利润最大化

20世纪初,随着俱乐部的兴起,"会员"一词应运而生,伴随着时代的变迁,会员变现的模式已经在各行各业普及开来,并且

发展得越来越成熟。

对于微信朋友圈而言，会员变现是一个令人心动的变现渠道，那么，微信朋友圈的会员变现到底应该怎么做呢？首先，我们一起来了解一下会员变现有哪些特点与优势。

9.4.1 会员变现的特点与优势

利用会员变现的品牌有很多，给大家举一个成功的例子：

"孩子王"就是利用会员变现的一个母婴童品牌。"孩子王"的销量主要以其会员制度为主。相关统计显示，"孩子王"97%～98%的销售额都来自会员。

"孩子王"的会员变现主要是通过线上和线下的结合来实现的。在线下实体店，它通过商品的消费、服务、顾问将目标客户群体转化为会员，并推荐给会员一款APP。在这款APP里，客户可以自行反馈、预约、查询，并且员工也可以看到新增加客户数以及自己的业绩，从而及时对客户的反馈进行量化分析。

如果有会员很久不来"孩子王"消费，那么，APP会自动发送一个优惠活动来吸引客户，以此来提升会员的活跃度和黏性。

由此可见，会员变现对于"孩子王"品牌生存是很重要的，正是这种会员变现的方式，才能让"孩子王"在众多竞争者脱颖而出，取得可观的销售业绩。

从"孩子王"的案例中，我们可以总结出会员变现的几个特点。

第9章 变现法则
五大变现法，教你掌握朋友圈的升值秘籍

1. 共同目的性

每一种类型的会员都有一个共同的目的。比如，商场和超市会员的目的是购物方便实惠；视频网站会员的目的是优先获得视频资源和跳过视频广告；俱乐部会员的目的是参与一些特定的主题活动。

由此可见，相比一些普通消费者，会员所拥有的权利更广泛，能够拥有更好的消费体验。

2. 自愿性

消费者加入会员，必然是出于自愿的，而不是因为强迫。比如，"孩子王"会经常搞活动来吸引新的客户，这样也是为了让客户满意，让他们心甘情愿地成为会员。

3. 有一定的契约基础

为了将会员与普通消费者区别开来，会员要有一定的准入门槛，不同的品牌，门槛会不相同。比如完成一定的购买量、参加某一活动、缴纳会费等。成为会员后，客户会拥有特定的会员卡或者象征会员的标识。正是有这种契约基础，商家不能轻易将消费者的会员资格作废，在一定程度上保证了客户的利益。

4. 联系更加密切

客户成为会员之后，与商家的关系会发生微妙的变化，他们不再是单纯的交易关系，同时还是伙伴关系。会员制度会在一定程度上增强客户的归属感和依赖感，让客户与商家的关系更加密切。

通过对会员变现特点的分析，我们可以看出，通过会员变现这种营销方式具有以下优势：

1. 提升客户的忠诚度，建立稳定的市场关系

在上文中，我们说到，会员都是自愿的、拥有共同目的的客户，加上会员变现的契约基础，会员客户的忠诚度是极高的。在他们眼里，你就是他们值得信赖的合作伙伴，他们能够无条件地信任你。因此，会员变现能让你在省去大量广告费的同时拥有一个稳定的市场关系。

2. 为开发新客户提供契机

会员制的优惠，既可以稳定老客户，也可以吸引新的客户。同时，老会员顾客也可以帮你扩展会员圈。通过他们的宣传与推荐，新会员也会自主加入到你的会员圈中。

3. 双向互动让反馈更加及时

客户成为会员后，有更多的机会与商家交流，能够及时地为商家提供具有针对性的建议，商家也可以根据客户的建议，对自身的"缺点"进行适当的调整。这种双向互动能让反馈更加及时，从而让商家在修正中不断进步。

通过对会员变现的特点与优势的总结，想必你对会员变现已经有了一定了解，那么，在微信朋友圈又该如何具体操作呢？

9.4.2 微信朋友圈的会员变现

当下的微信朋友圈，实质上就是一个区域市场，如果想在这个区域市场中实现更大的价值，那么你就需要对客户进行精准"筛选"——实行会员等级制。你可以采用以下方法：

第 9 章 变现法则

五大变现法，教你掌握朋友圈的升值秘籍

1. 设立会员门槛，建立会员群

在你的微信朋友圈里，不是所有的客户对你品牌的满意度都一致，因此，为了提升老客户的黏性以及提高利润，你可以在微信朋友圈里设立一个专门会员群，客户进群之前需要缴纳相关的会费，或者长期在你这里拿货的老客户可以自动升级成为会员。这样，你既可以赚取一定的会费，同时还能针对性地进行商品的销售和专属服务。

2. 用好微信会员功能

2019年，微信推出了朋友会员功能，具体操作流程如下：

首先，客户添加商家为微信好友，然后，商家可在支付功能的"收账小账本"里找到朋友会员功能，从而进入"为会员设置优惠活动"界面，给会员设置一个具体的优惠折扣，这样，这位客户以后在扫码购物的时候，就可以自动享受相应的优惠。

微信的这种功能，能让微信朋友圈的会员入口更为集中，创新了招募会员的方式，并且相比之前的返现和兑换机制，这种让利模式更加直接，操作会更加简单。

对于微信朋友圈的运营者而言，微信朋友圈里的会员变现，能够给客户提供专属的服务，并且在一定程度上提升客户的品牌忠诚度，实现利润的最大化。如果你能用好这种变现方式，相信你的微信朋友圈客户定位会更加精准，变现效率会更高！

9.5
代理变现：把营销的种子遍播各处

纵观微信朋友圈里那些成功变现的人士，大部分人都是依靠代理式营销起步的。如果你能够发展自己微信朋友圈品牌的代理商，将品牌的种子遍播各处，日积月累，你生意会越做越大，越做越成功。

那么，代理变现的具体优势有哪些呢？你在发展代理商时需要采用哪些方法呢？

9.5.1 代理变现的优势

在代理变现的过程中，你只需要向代理商提供商品的宣传方案、宣传内容以及相应的货源，不需要设立实体店铺来进行营销，同时，你还能和代理商之间实现点对点的实时沟通，只需要线上及时联络，你就能增加你的商品销售。

相反，对于代理商而言，他们既不用租用实体店铺，也不需要制作商品宣传内容，只需要在接到订单后，投入相应的时间和精力，就能轻轻松松地赚取一定的代理差价。

我身边有一个朋友为了让自己的手机销售到更多的城市，占领更多的市场，他在微信朋友圈招收代理时这样写道：

招代理商若干，你只需要拥有一部智能手机，无须任何投资，你找客源我代发，保证你能有钱赚……

这条信息就重点突出了代理的无成本优势，对于那些想要在家创业的人有很大的吸引力。

9.5.2 走好这两步，发展品牌代理商

代理变现的关键在于发展品牌代理商。想要别人代理你的商品，需要走好以下两步：

1. 精准定位客户

"萝卜青菜，各有所爱。"不是所有的人都对你的品牌感兴趣，因此，你需要挖掘精准的代理商，才能"对症下药"。那么，在微信朋友圈，怎么才能精准地定位代理商呢？

（1）分析客户的家庭背景

家庭背景，就是一个人的家庭关系。比如代理商的家人都是做什么的，是否具有较高的社会地位，对于哪些方面的资源极度缺乏等。通过对这些基本信息的了解，你可以初步判断此人对你的商品或服务有多大的需求。比如，你所了解的某位客户是一名家庭主妇，并且刚生了宝宝，如果你向她推荐婴儿商品代理，很可能会取得成功。

（2）分析客户的职业背景

职业背景，就是一个人是做什么工作的，在单位担任什么职务

等。比如,你是某洗护用品的品牌创始人,面对理发师这样的客户,就需要告诉他,你的商品能帮他们解决什么问题以及带来的效益。

2. 把精准客户发展成为代理商

精准定位客户之后,你需要用以下几种方法将他们发展成为代理商:

(1)差价所形成的高利润

在众多微信朋友圈代理中,要想你的品牌突出重围,赢得更多"潜在代理商"的青睐,你就需要在不亏本的前提下,拔高差价,让精准客户看到切实的利益,这样他们才能对代理你的品牌心动。

比如你在招代理商的时候,文案可以这样写:

只需要一元钱的成本,你就能成为我们的代理商。在我们这里,你可以拿到批发价,微信朋友圈的定价你自己定,这其中的差价就是你能赚到的钱。

这样的代理式文案,向客户展示了代理的差价所形成的高利润,吸引客户来询问,这样你就能节省很多宣传的时间和精力,轻松地招到优质代理。

(2)用好话术,事半功倍

客户对你的品牌代理产生兴趣之后,自然会主动找你询问相关问题,这时候,你需要用好话术,抓住对方的关注点,从而让客户"死心塌地"地跟着你。

在这里,有三种话术技巧供大家学习。

第9章 变现法则
五大变现法，教你掌握朋友圈的升值秘籍

第一，学会问出客户的心声。大部分客户在选择品牌代理的时候存在很多的疑虑，而这些疑虑正是你发展代理商的障碍。在很多情况下，客户不会将他们心中的疑虑清楚地说出来，所以，你需要顺着客户的话，揣摩其心理，来引导你们之间的对话。比如：

商家：对于我们的品牌代理商，您是否满意？如果您满意的话，我们可以先为您办理代理商登记。

客户：我觉得我还需要时间再考虑一下。

商家：您是对我们品牌质量不放心吗？如果是这样的话，我这里有一份我们商品品牌的数据报告，对于我们的品牌质量，您可以随时查阅。

第二，针对不同类型的客户，你的话术要及时调整。客户的类型有很多种，在和众多客户沟通的过程中，不能一直用一个模式说话。对不同的人说不同的话，你的话才能说到对方的心坎上。

比如，面对那些"挑刺儿"的客户，你要以退为进，不与对方争论，否则会伤和气；面对不言不语的客户，你要找对方感兴趣的话题，来引导对方积极主动地参与讨论；面对光说不入驻代理的客户，你可以巧用代理商名额的有限性，来营造名额紧缺的现象，促使客户与你合作。

第三，用朋友的口吻说话，让客户感觉到你的真诚。发展代理商的关键就是建立你与客户之间信任，假如你能在沟通中以朋友的口吻说话，让客户觉得你招代理商是真心帮他，那么对方就会放下警惕，你发展代理商的概率也会大大提升。

很多人发展了品牌代理商后，往往会忽略售后服务，这会让代理商对你产生不负责任的印象。这样一来，你的商业信誉就会慢慢消失，代理商也会逐渐离开，最终会导致你微信朋友圈变现的"土壤"彻底消失。因此，你在播撒营销种子的同时，需要注重售后服务，这样才能让你的代理变现取得成功。